渡邊 博己・右近 潤一 著

法学ナビ
16の物語から考える

北大路書房

▶▶はしがき

　本書の著者である右近潤一および渡邊博己は，同じく民法を専攻する者であるが，勤務先の京都学園大学（2019年4月から「京都先端科学大学」に名称変更予定）では，一般教養科目としての「法学」の授業を担当している。

　ここ数年間，レジュメ・資料を配付して講義するという，ごく普通のやり方をしていたが，学生の皆さんがしっかりと学んでいくためには，読んで理解するという営みが重要であり，そのためにも，きっちりとした教科書が必要であると考えるに至った。世に法学入門と称する書物は山のようにあるが，はじめて「法学」に接する学生諸君にぴったり合うものは驚くほど少ない。

　易し過ぎず・難し過ぎず，かと言って，その後の法学の本格的な学びが必ずしも予定されているわけではないので，これだけで世間に通用する水準のcontentsを提供しなければならない。さらに，欲を言えば，経済学・経営学・心理学・農学・バイオサイエンスなど，学生の皆さんが，今後，学部の専門科目の学びにも何らかの形で意味のあるものであってほしい。

　こんなことを考えているさなか，旧知の秋山泰氏（出版工房ひうち：燧代表）から，法学の教科書作成のお誘いを受けた。秋山氏は知る人や知るベテラン編集者，法学関係の書籍の作成には豊富な経験をお持ちである。本書の作成においても，秋山氏の豊富な知識・経験をいかんなく発揮していただいた。秋山氏のお声かけがなかったなら，本書は世に出ていなかっただろう。記して感謝申し上げたい。

　本書の書名にした「ナビ」は "Navigation" の "Navi" である。"Navigation" は，Webサイト内の各コンテンツ間を移動したり，誘導したりするボタンやリンクの意味で使われることが多く，その出来の善し悪しは当該Webを訪問した利用者の印象を左右すると言われている。本書は，法学の世界にリンクを張る出来の善い "Navigation" を目ざす。そのために，「法学」の「主要領域」を，①「法学トリセツ」，②「憲法ナビ」，③「民事法ナビ」，④「刑事法ナビ」，⑤「法と法の未来」の5つのUNIT（ユニット）に分け，16の身近で具体的・仮想的な

Theme（テーマ）から「法にかかわる基礎知識と問題群のいまと未来」を考えていく，新しいタイプの法学案内に仕上げたつもりである。

　本書では，学生の皆さんのパートナーとして，亀岡鶴太郎と太秦映見（後に鶴太郎と結婚して亀岡映見になる），そして2人の間に生まれたカメオが登場する。この3人と共に喜び，また悩みつつ，「法」による問題解決への道標・考え方を身につけてほしい。

　私たちの意図が広く受け入れられ，本書の存在が，「法学」を学ぶ学生の皆さんにとって，印象に残るものになることを心から願っている。

平成30（2018）年3月

著者を代表して

渡邊博己

　＊注記）本書の第3刷を機に，誤記等を修正するとともに，初版第1刷・第2刷刊行以降の重要な法令の改正につき，北大路書房ホームページ（https://www.kitaohji.com/book/b580189.html）に補訂情報を掲載した。

◆◇目次　CONTENTS

はしがき

▷▶UNIT❶　法学のトリセツ　Basic Manual of Legal Study

🎼 Theme 1 ― 法学とは　何を何のために学ぶか ………………【渡邊】 003
§1 ―― 事故の始末は？　003
§2 ―― 法的責任とは何か？　005
§3 ―― 損害賠償額の計算はどうすればよいか？　006
§4 ―― 交通事故の後始末は誰がどのようにすべきなのか？　009
§5 ―― 何のために何を学ぶか　010

🎼 Theme 2 ― 六法とは何か ………………………………【右近】 012
§1 ―― 書籍としての六法　012
§2 ―― 重要法令としての六法　014
§3 ―― 六法の使い方　016
§4 ―― 法律の分類　017

🎼 Theme 3 ― 裁判所は何をするところか ………………【渡邊】 018
§1 ―― 裁判所とは？　018
§2 ―― 民事裁判と刑事裁判　020
§3 ―― 民事裁判の手続　021
§4 ―― 弁護士の役割　024

▷▶UNIT❷　憲法ナビ　the Guide to Constitution

🎼 Theme 4 ― 法律が憲法に違反すると ………………【右近】 029
§1 ―― 違憲立法審査権　029
§2 ―― 立法過程での合憲性確認　031

iv 目次

§3 ── 違憲立法審査権限の強大さと工夫 *032*
§4 ── 違憲判決の効果 *032*

♪ Theme 5 ── 憲法で守られる人権とは ……………………【渡邊】 *035*
§1 ── 鶴太郎の権利は侵害されているか？ *035*
§2 ── プライバシーの尊重とは？ *036*
§3 ── 検索結果の削除はできるか？ *038*
§4 ── 個人情報の利用と保護 *040*

♪ Theme 6 ── 憲法は差別問題についてどう考えているか ……【渡邊】 *043*
§1 ── 様々な差別と法の対応 *043*
§2 ── 平等の意義 *046*
§3 ── 形式的平等と実質的平等 *048*
§4 ── 性差別をめぐるいくつかの問題 *049*

▷▶ UNIT❸ 民事法ナビ the Guide to Civil Law

♪ Theme 7 ── 民法の適用は年齢によって区別されるか ……【渡邊】 *055*
§1 ── 鶴太郎の立場？ *055*
§2 ── 未成年者は不都合な契約を解消できるか？ *057*
§3 ── 成年年齢の引き下げへ *059*
§4 ── 成年年齢引き下げにあたって私たちは？ *060*

♪ Theme 8 ── 契約は守らなければならないか …………【右近】 *063*
§1 ── 契約と約束 *063*
§2 ── 契約の種類と重要な諸原則 *064*

♪ Theme 9 ── 子どもの遊びが原因の事故でも
損害賠償請求に応じなければならないか ……【渡邊】 *069*
§1 ── カメオの不法行為責任は？ *069*
§2 ── 子の責任は親の責任か？ *071*
§3 ── 親が責任を免れる場合？ *072*
§4 ── 認知症高齢者の不法行為は？ *074*

Theme 10 ― お父さんと呼べるのはなぜ ……………【右近】 077
§1── 子が生まれる2つの場面 077
§2── 父性推定を裏から支える制度 再婚禁止期間制度 081

Theme 11 ― 夫婦は同一姓を名乗らなければならないか …【渡邊】 086
§1── 映見が考えたことは? 086
§2──「夫の氏」の選択 女性にとって何が問題か? 087
§3── 最高裁判所の判断は? 089
§4── 結婚前の旧姓を通称名として使用すれば問題ないと考えるか? 091
§5── どのような制度にすればいいか? 092

Theme 12 ― 相続のルールはなぜ必要なの ……………【右近】 094
§1── 相続とは 094
§2── 相続の開始と相続財産 095
§3── 誰が相続するか 096
§4── 相続分 098

▷▶UNIT❹ 刑事法ナビ   the Guide to Criminal Law

Theme 13 ― 冤罪事件を防ぐには ……………………【渡邊】 103
§1──「人質司法」とは? 103
§2── 刑事裁判の手続 刑罰が確定するまで? 106
§3── 今回,「刑事訴訟法」の何がどう変わった? 107
§4──「取調べの可視化」の意味するものは? 109

Theme 14 ― 裁判員になって死刑判決にかかわる …【渡邊】 111
§1── 裁判員裁判と死刑 111
§2── ある死刑判決 元少年石巻殺傷事件 114
§3── 死刑の執行 115
§4── 死刑存置論と死刑廃止論 116

vi 目次

▷▶UNIT❺　法・法学の未来はどうなる　the Law & Society in Future

Theme 15 — AIのある生活　自動運転に付き合う …………【渡邊】 *121*
§1──AI（人工知能）の過失責任を問う？　*121*
§2──原則を修正する特別法　*122*
§3──自動運転中のAIの失敗❶　運転者の責任　*124*
§4──自動運転中のAIの失敗❷　メーカーの責任　*124*
§5──ほかにもいろんな法律が登場する　*126*

Theme 16 — AIは法の夢を見るか ………………………【右近】 *130*
§1──AI（人工知能）の登場　*130*
§2──AIと民事法　*131*
§3──現在の動物の状況　*134*
§4──動物とAIと人間と　*135*

▷索引──INDEX ……………………………………………… *137*

▷ ▶UNIT❶　法学のトリセツ

Basic Manual of Legal Study

🎼 Theme—1　法学とは　　何を何のために学ぶか

🎼 Theme—2　六法とは何か

🎼 Theme—3　裁判所は何をするところか

△△△△△

♪Theme—1　法学とは　何を何のために学ぶか

♪**Key words**　法的責任/刑罰/損害賠償

☆Case

　大学4年生の鶴太郎（21歳）は、就職も決まり、最後の学生生活を楽しむため、つきあい始めたばかりの彼女とドライブに出かけた。ビールを飲んでハイな気分に浸りながら、深夜のリゾート地の道路を高速で走るのは最高の気分だった。気分がよすぎたためか、鶴太郎は、交差点の赤信号を見落とし、交差点を青信号で通行中のバイクに衝突して、運転手Aをはね飛ばしてしまった。Aは病院に運ばれたが、治療の甲斐もなく死亡した。もちろん、Aのバイクも修理不可能で廃車にせざるを得ない状態だった。

---

§1 ── 事故の始末は？

　鶴太郎は，ビールを飲んで車を運転し，スピードを出しすぎ，赤信号を見落とした結果,事故を起こした。本当に言い訳のしようがないことをやってしまった。鶴太郎は，どうすればよいだろうか？

　まず，被害者Aの救護である。救急車を呼び，救急病院に搬送する。そして，他の車両の通行に危険がないように，乗っていた自動車を路肩に寄せたり，事故の破片などの片付けを行う。その上，最寄りの警察署の警察官に通報する。

　ここまでは，道路交通法72条に書かれている。事故を起こしたとき，絶対にやっておかなければならないことである。しかし，これだけでは十分でない。

　大学は退学になるかもしれないし，就職の内定も取り消されるかもしれない。ドライブに誘った彼女との関係も，そのままということはないだろう。

　鶴太郎は，これらすべてを受け入れつつ，さらに，自分のしたことを深く反省し，死亡したAの遺族に対して，十分な「償い」をしなければならない。

004 UNIT❶ 法学のトリセツ

一人前の大人として,「責任」を果たすことが要求されるのである。

cf.「令和3年版交通安全白書」

http://www8.cao.go.jp/koutu/taisaku/index-t.html

交通事故の状況,交通の安全に関する施策に係る計画等に関する年次のレポート。自動車または原動機付自転車運転者の飲酒運転による交通事故件数および交通死亡事故件数の推移も掲載されている。

◆**道路交通法72条**（交通事故の場合の措置）

　交通事故があつたときは,当該交通事故に係る車両等の運転者その他の乗務員（以下この節において「運転者等」という。）は,直ちに車両等の運転を停止して,負傷者を救護し,道路における危険を防止する等必要な措置を講じなければならない。この場合において,当該車両等の運転者（運転者が死亡し,又は負傷したためやむを得ないときは,その他の乗務員。以下次項において同じ。）は,警察官が現場にいるときは当該警察官に,警察官が現場にいないときは直ちに最寄りの警察署（派出所又は駐在所を含む。以下次項において同じ。）の警察官に当該交通事故が発生した日時及び場所,当該交通事故における死傷者の数及び負傷者の負傷の程度並びに損壊した物及びその損壊の程度,当該交通事故に係る車両等の積載物並びに当該交通事故について講じた措置を報告しなければならない。

✐Topic1・1　「復讐」,そして「償い」

　Aの遺族は,愛する人を失った。Aの妻は夫を,また,Aの子は父を,突然に失ったのである。鶴太郎に対する憎しみや恨みはかなりのものだろう。これを晴らす方法として,「復讐」が考えられる。映画・小説などに出てくる「仇討ち」である。

　しかし,現代社会では,認められるものではない。当然であろう。

　それでは,どうするか。「法的責任」をきっちり果たしてもらうことが,まず,考えられる。

　法的責任というと,刑罰が科されること,損害賠償請求に応じなければならないことなどが,よく知られている。前者が「刑事責任」,後者が「民事責任」である。

　刑事責任を科す根拠として,犯罪に対する報い,犯罪の予防など指摘されている（これに関しては,専門家の間で,奥深い議論がある）。民事責任の方は,被害者に生じた損害の補てんを目的とする。そうすることが衡平と考えられるからである。

　こうして見ると,自分が行った非難されるべき行為については,法的責任を果たすことが,社会に対して相応の「償い」をすることになると考えられるのではなかろうか。

　「復讐」ではなく,「償い」である。

§2 —— 法的責任とは何か？

鶴太郎の起こした交通事故について，法律の規定を見てみると，①危険運転致死傷罪で処罰されること，②被害者Aの遺族からの損害賠償請求に応じなければならないこと，③免許の停止・取消し等の処分などが考えられる。

①を刑事責任，②を民事責任，③を行政上の責任という。

まず，①について考えてみよう。自動車運転死傷行為処罰法2条1号の適用である。

いわゆる，「飲酒運転」について，自動車運転死傷行為処罰法2条1号では，「アルコール又は薬物の影響により正常な運転が困難な状態で自動車を走行させる行為」と定義されている。そして，同法3条1項で，運転者に「正常な運転に支障が生ずるおそれ」がある場合も，同様に取り扱うことになっている。

これらの条文にあてはめてみると，鶴太郎は，ビールを飲んでおり，そのため，「正常な運転が困難な状態」または「正常な運転に支障が生ずるおそれがある状態」であったので，危険運転致死傷罪で処罰されることになりそうである。

✐Topic1・2　危険運転致死傷罪

「危険運転致死傷罪」という刑罰規定ができたのは，平成13年の刑法改正である。それ以前は「業務上過失致死傷罪」で処罰されていた。

なぜ，改正されたかは，業務上過失致死傷罪の最高刑が5年の懲役だったということに関わる。酔っ払い運転で死亡事故を起こしても5年以上の懲役刑に科すことはできなかったのである。そこで悪質なドライバーをさらに戒めるべきという世論に押され，危険運転致死傷罪の処罰規定が創設された。

その後，平成26年5月には，「自動車の運転により人を死傷させる行為等の処罰に関する法律」（自動車運転死傷行為処罰法）が施行され，「危険運転致死傷罪」は，刑法から自動車運転死傷行為処罰法に移された。移されたとき，処罰の対象になる危険運転行為に，通行禁止道路を進行すること（2条6号）が追加されるなどの修正が行われ，現在に至っている。

飲酒運転以外にも，危険運転致死傷罪の対象になる危険運転行為はたくさんある。自動車運転死傷行為処罰法2条に規定されているので，確認しておいて

006 UNIT❶　法学のトリセツ

ほしい。法律の条文は，一見，難しい言葉で書かれているが，おおよその見当
はつくだろう。

◆自動車運転死傷行為処罰法2条（危険運転致死傷）
　次に掲げる行為を行い，よって，人を負傷させた者は15年以下の懲役に処し，人を
死亡させた者は1年以上の有期懲役に処する。
一　アルコール又は薬物の影響により正常な運転が困難な状態で自動車を走行させる
行為
二　その進行を制御することが困難な高速度で自動車を走行させる行為
三　その進行を制御する技能を有しないで自動車を走行させる行為
四　人又は車の通行を妨害する目的で，走行中の自動車の直前に進入し，その他通行
中の人又は車に著しく接近し，かつ，重大な交通の危険を生じさせる速度で自動車を
運転する行為
　……
七　赤色信号又はこれに相当する信号を殊更に無視し，かつ，重大な交通の危険を生
じさせる速度で自動車を運転する行為
八　通行禁止道路（道路標識若しくは道路標示により，又はその他法令の規定により
自動車の通行が禁止されている道路又はその部分であって，これを通行することが人
又は車に交通の危険を生じさせるものとして政令で定めるものをいう。）を進行し，
かつ，重大な交通の危険を生じさせる速度で自動車を運転する行為

◆同法3条
　アルコール又は薬物の影響により，その走行中に正常な運転に支障が生じるおそれ
がある状態で，自動車を運転し，よって，そのアルコール又は薬物の影響により正常
な運転が困難な状態に陥り，人を負傷させた者は12年以下の懲役に処し，人を死亡さ
せた者は15年以下の懲役に処する。
2　自動車の運転に支障を及ぼすおそれがある病気として政令で定めるものの影響に
より，その走行中に正常な運転に支障が生じるおそれがある状態で，自動車を運転し，
よって，その病気の影響により正常な運転が困難な状態に陥り，人を死傷させた者も，
前項と同様とする。

§3 —— 損害賠償額の計算はどうすればよいか？

　鶴太郎は，損害賠償責任を追及されることも考えておかねばならない。②の
民事責任である。
　損害賠償になれば，Aの命に値段をつけることにもなりかねず，遺族にとっ
てはやるせない気持ちになる。それでも，民事責任は損害賠償が原則で，お金
で解決することで満足しなければならない（金銭賠償の原則）。

Theme—1　法学とは　*007*

そして，鶴太郎に損害賠償責任が認められた場合，損害賠償額をどう決めるかは重要である。おおよそのところ，次のような考え方で計算する。

★1　損害賠償額の考え方

まず，被害者に生じた個別の損害を積上げ計算して算出する。

損害としては，①治療費，交通費，修理費用などの自らが負担した費用，②事故がなかったならば，将来得たであろう収入の減少など（「逸失利益」とか，「得べかりし利益」といわれている。），③被害者の精神的苦痛などがある。

①は，かかった費用の領収書を集めれば計算できるが，②はそうはいかない。基本的な考え方としては，事故前の現実の収入額や賃金センサスの平均賃金額などを基礎として，ある種の仮定に基づき計算する。未就労者，幼児，女子，一時滞在の外国人など，将来の収入が確実ではない場合も同じようにしてよいだろうか。正確に計算するのは不可能ではないかという問題が出てくる。

裁判所は，問題があることは認めつつ，「被害者側にとって控え目な算定方法（たとえば，収入額につき疑があるときはその額を少な目に，支出額につき疑があるときはその額を多めに計算し，また遠い将来の収支の額に懸念があるときは算出の基礎たる期間を短縮する等の方法）」を採用すれば，ある程度は客観性のある額を算出することができると考えている（最三小判昭和39・6・24民集18巻5号874頁）。

★2　被害者に過失があるときの減額（過失相殺）

次に，被害者に損害の発生などに関して過失があるとき，賠償額を決めるにあたって，被害者の過失部分を減額することができる。「過失相殺」という。例えば，Aが赤信号で飛び出した場合など，過失相殺が行われ，損害賠償額が減額される。被害者と加害者の衡平性が考慮されているのである。

★3　損害賠償の支払

損害賠償責任が確定すると，裁判所は判決で，「金○○○円を支払え。」と命じる。鶴太郎は，これに従わなければならない。支払をしないときは，強制執行という手続が予定されている。国家機関の手で財産の差押え等をして支払の実現を迫るのである。判決には「執行力」があると言われている。

008 UNIT❶ 法学のトリセツ

🖊Topic1・3　長い首事件

　損害賠償の額を計算する際に，被害者がもともと有していた精神的・身体的性質などが，損害の発生や拡大の原因になる場合がある。損害発生の原因になる素質という意味で，「素因」と言われている。

　被害者の素因を考慮にして，過失相殺と同じように，損害賠償額を減額することがある。

　しかし，こういった損害賠償の素因減額が，どの範囲で認められるべきか，問題になることがある。実際に起こった事件では，車の追突事故で，かなりひどいむち打ち症になった被害者が損害賠償額を計算する際に，被害者は，もともと平均よりも首が長く多少の頸椎の不安定症があるという身体的特徴を有しており，これが原因で，被害者の症状が拡大したので，被害者の損害賠償額をその分減額すべきではないかが争われた事件がある。

　この事件は，最高裁判所の判断を仰ぐことになったが，最終的に素因減額は認められなかった。その理由は，次のとおりである(最三小判平成8・10・29民集50巻9号2474頁)。

　「被害者に対する加害行為と加害行為前から存在した被害者の疾患とが共に原因となって損害が発生した場合において，当該疾患の態様，程度などに照らし，加害者に損害の全部を賠償させるのが公平を失するときは，裁判所は，損害賠償の額を定めるに当たり，民法722条2項の規定を類推適用して，被害者の疾患を斟酌することができる。」

　「被害者が平均的な体格ないし通常の体質と異なる身体的特徴を有していたとしても，それが疾患に当たらない場合には，特段の事情の存しない限り，被害者の右身体的特徴を損害賠償の額を定めるに当たり斟酌することはできないと解すべきである。」

　「人の体格ないし体質は，すべての人が均一同質なものということはできないものであり，極端な肥満など通常人の平均値から著しくかけ離れた身体的特徴を有する者が，転倒などにより重大な傷害を被りかねないことから日常生活において通常人に比べてより慎重な行動をとることが求められるような場合は格別，その程度に至らない身体的特徴は，個々人の個体差の範囲として当然にその存在が予定されているものというべきだからである。」

◆民法709条（不法行為による損害賠償）

　故意又は過失によって他人の権利又は法律上保護される利益を侵害した者は，これによって生じた損害を賠償する責任を負う。

◆民法710条（財産以外の損害の賠償）

　他人の身体，自由若しくは名誉を侵害した場合又は他人の財産権を侵害した場合のいずれであるかを問わず，前条の規定により損害賠償の責任を負う者は，財産以外の損害に対しても，その賠償をしなければならない。

◆民法722条（損害賠償の方法及び過失相殺）

　第417条の規定は，不法行為による損害賠償について準用する。

2　被害者に過失があったときは，裁判所は，これを考慮して，損害賠償の額を定めることができる。

◆民法417条（損害賠償の方法）

　損害賠償は，別段の意思表示がないときは，金銭をもってその額を定める。

Theme—I　法学とは　*009*

§4 —— 交通事故の後始末は誰がどのようにすべきなのか？

　交通事故の加害者に対して損害賠償責任を求めることができたとしても，加害者に支払能力がないと，被害者にとっては「絵に描いた餅」である。

　それでは，被害者に気の毒であるし，また，加害者としても，「ない袖は振れぬ」と知らんふりをすればいいかというと，そうでもない。

　そこで，加害者の資力の有無にかかわらず，最低限の補償が可能なようにするための制度が必要になる。これが保険制度であり，任意保険のほか，車検時に契約を締結する仕組みになっている強制保険，「自動車損害賠償責任保険」の制度があることに注意しなければならない。

　保険金額は，自動車損害賠償保障法施行令2条で定められており，死亡による損害については，3,000万円になっている。ともかくは，3,000万円までは，

Legal tips 1.1　交通事故紛争の解決・裁判外紛争処理

　交通事故紛争の解決は，示談(当事者間の話し合いによる解決)が多いようであるが，それだけではない。一般の民事の紛争事件と同様，調停・訴訟など，裁判所が関与した解決方法も利用されている。

　裁判所が関与するのは，紛争解決において，中立的な第三者の介入が有効な場合が多いからである。それも，裁判では，法律に則って，専門家が判断するという意味でも，国民の信頼が高いという側面がある。

　ただ，中立的な第三者の関与によって紛争解決を図るということだけであれば，その中立的な第三者が信頼できることで足り，裁判所という国家機関が関与する必要はない。それぞれの紛争分野ごとに，深い知識や長い経験を有する民間人が運営する機関が，第三者として関与して紛争解決を図る方がよいこともある。

　このような点に着目して創設されたのが，「裁判外紛争処理」という制度で，ＡＤＲ(Alternative Dispute Resolution)と呼ばれている。利用者にとっては，裁判所よりは敷居が低く利用しやすい。また，事件数の増加で裁判所の負担が増加する中で，これを軽減する役割も果たしている。

　公害・建設工事・消費者問題など，様々な分野でＡＤＲが作られているが，交通事故の紛争についてのＡＤＲ機関としては，「交通事故紛争処理センター」「日弁連交通事故相談センター」「自賠責保険・共済紛争処理機構」などがよく利用されている。

保険によって支払いが確保されている。

cf.「自賠責保険（共済）ポータルサイト」
https://www.mlit.go.jp/jidosha/anzen/04relief/index.html

§5 ── 何のために何を学ぶか

　刑事責任，民事責任，行政上の責任が成立するのは，どのような場合か，これを明らかにするのが，「法」ないし「法律」の役割であるというであれば，これを学ぶ「法学」は，きわめて実践的・実利的（実際の役に立つ）な学問である。
　あるいは，資格試験対策。公務員試験をはじめ，法律科目を試験科目とする資格試験は多い。その対策として「法学」を学ぶのであれば，これもまた実践的・実利的な学びである。
　「法学」の学びにおいて，こういった側面があることは否定できない。ここで必要とされ，そのために学びの対象とすべきは，現に施行されている「法律」に関する「知識」である。法律の条文の暗記という無意味な作業（**Theme2**でも「法文の暗記」について説かれている）はともかくとして，法律を学ぼうとした一応の目的を適えることができれば，学んだ「法律知識」そのものは，きれいに忘れてしまってもよい。「民法」のように制定後120年余りほとんど改正されなかった法律もあるが，一般的には法律がよく変わることはよく知られた事実であるからである。
　これに気付けば，学ぶ意欲は減退するのではないか。学生時代に一所懸命に身につけた「法律知識」は，社会人として活躍が期待される頃にはまったく役に立たないというならなおさらである。
　しかし，法の学びは，「法律知識」を身につけることだけではない。法律を使った問題解決の方法，法的なものの考え方など「法的思考力」を身につけるのも，法学の学びである。ここでは，「法律知識」の習得は手段でしかない。
　「法学」の学びを通じて「法的思考力」を身につけ，法律や明確なルールがない問題に対して，妥当な解決方法を考えていく。このような営みを志すのであれば，「法学」の学びは，価値あるものということでできるだろう。

Theme—1 法学とは 011

── ◇さらに考えてみよう◇ ──

❶ 「道義的責任」や「社会的責任」と「法的責任」は同じだろうか。もし、違うならば、どこが違っているのだろうか？

❷ 道路交通法72条は、交通事故を起こした場合の常識的な対応である。なぜ、こんなことまで法律に定められているのだろうか？

❸ 長い首事件で、最高裁が、素因減額を認めなかった理由は何か。判法理由を読んで簡潔に整理しなさい。

♩Theme−2 六法とは何か

♪**Key words** 法令集/重要法令/法の分類

☆*Case*

　映見は，新入生を勧誘している先輩から，法学とるならロッポウを買っときゃぁ，と言われた。映見の頭には，あんこの入った六方焼がふと浮かんだが，思わずかき消した。先輩が映見の顔を見て，六法ってこれや，と分厚い本を見せてくれた。隣にいた4年の先輩が3年前ので良かったらやるでぇ，と絡んできたが，全くもって判断のしようがなかった。

---

§1 ── 書籍としての六法

　みなさんは，六法という言葉を聞いたことがあるだろうか。多くは，六法全書をはじめとする書籍，すなわち法令集の意味で使われていたのではないだろうか。

★1　六法はなぜ必要か

　法学部では通常，六法は必ず持参するように言われる。どうして六法を持参しなければならないのだろうか。たとえば，英語の辞書は，英文を読んでいて，意味の分からない単語などが登場する場合に使用される。六法をこのような辞書のように考えるならば，間違いである。もちろん教科書を読んでいて，参照条文が示されると，六法を引き条文を参照すべきである。それをしなければ，教科書の説明そのものの意味が十分に理解できないことすらある。

　しかし，法律学というのは，まず法律に定められている内容を学ぶのであって，条文がスタートである。法律が何を定めているのか，どんな制度になって

いるのか，それはなぜか。さらに，法律が何を定めていないのか（法の欠缺），そこをどのように考えるべきかを学ぶ。その際には，他の法条がいかに定めているのかも，しばしば重要となる。

★2　六法は毎年買うべきか

六法の消費期限は，短い。六法という名前ではあるが，六つの法律だけでなく，たくさんの法令が登載されている。社会は絶え間なく動いているので，法律の不備や新たな規制の必要性も出てくるし，国際的な取引が増えてくると各国の法律の相違も問題になり，取引に共通のルールが条約として定められ，国内法もその条約に影響を受けるようにもなる。また，年々法律は，制定から年を経ることになり，判例で確立されたルールも増えてゆく。そうしたことから，法律は，しばしば改正される。もちろんすべての法律が毎年改正されるわけではない。民法の改正頻度は商法に比べると遥に少なかった。しかし，民法が改正されなくても，会社法が改正されていたら，学生諸君が講義に利用する六法としては，すでに消費期限切れである。法学系の科目では，期末試験などで六法の持込みが認められる。古い六法を用いて解答すれば，妥当な解決が導けない場合もあるだろうから，注意を要する。

日本の法律のほとんどは，総務省がインターネット上で公開している（e-Gov 法令検索）。「法令検索」と検索すれば，すぐに見つかるだろう。誰でも自由に使える。六法が手に入れられない間は，こういったサービスを用いるのも手であるが，プリントアウトするのは膨大な量になるし勧められず，授業内テストや期末テストで六法の持込みが認められる場合には，使えない。

★3　法文の暗記

高校生に法律の勉強のイメージを尋ねると，法文を暗記しなければならないという間違った印象を持っている者もいる。これには，テレビドラマの影響もあるように思える。一時期弁護士や行政書士などが主人公となるドラマが盛んに放送され，その中で先輩が後輩に，○○法の○条はなんと定めているか，などと尋ねるシーンもあったりした。もちろん法律を勉強するうちに覚えてしまう重要な法条があるのは確かで，シーンとしては間違いではないのかもしれな

いが，上記のような誤った印象を持たせていることも間違いないだろう。

　しかし，学生が講義の際に持参する六法の分厚さを見ても分かるように，法律はたくさんあり，暗記できるようなものではない。上記の「e-Gov法令検索」では，法律だけで2000本弱が公開され，法律を補助するルールを加えると8000本程度ある。どんなに記憶力のいい人でも暗記することは不可能である。

　法律学では覚えることはないのかというと，もちろんそうではない。暗記というのは，とりあえず意味がわからずとも，言葉を正確に再現できれば良い。その意味での記憶は，全く必要がない。法律科目の定期試験では，六法の持込みが認められるのが一般的であり，その意味でも法文の暗記は不要である。

　法律の文言はどうしても抽象的にならざるを得ない。そのためその意味の確定は判例に任せられている。したがって，その意味を裁判所がどのように解しているのか，それはなぜかは，やはり記憶しておくべきことになるだろう。しかし，判例の文言を一字一句再現できなくても良い。どのような考え方をしているのかを理解し，記憶することが重要である。

§2 ── 重要法令としての六法

　そもそも法令集が六法と呼ばれているのは，そこに重要な6つの法律を掲載していたからではないかと思われる。その6つとは何か。この先を読む前に，知っている法律をできるだけ思い出して挙げてみよう。6つ以上挙げられただろうか。

　おそらく皆必ず知っているのは，日本国憲法であろう。そして刑法はメモできただろうか。時期によっては，少年法などがメモされているかもしれない。講義の中で尋ねると，他の講義の影響で労働法や行政法が出てくることもある。特許法を挙げてくれる学生もいる。私は，民法を担当していますと簡単に自己紹介をするので，良く聞いていてくれた学生は，民法を挙げてくれる。そしてなぜかよく知っている学生もいて，商法や，民事訴訟法，刑事訴訟法といった法律も挙げてくれて，毎年なんとなく六法がそろうのである。

　さて，六法とは，日本国憲法，民法，刑法，商法，民事訴訟法，刑事訴訟法である。もちろんこれだけが重要なのではない。商法は，改正されてその中に

定められていた会社に関するルールが会社法として独立した。そして，消費者法も近時もはや欠かせないものとなっている。そして，学生諸君が今後大学を卒業して，労働者としてあるいはまた使用者として社会に出ると，労働法は非常に重要である。したがって，法令集としての六法も，私が学生であった頃よりも分厚くなってしまっているのである。

　六法は，あらゆる法律を勉強するに当たって，本当に基礎の部分に当たると思う。つまり，まずそこでの考え方があった上で，他の法律が，実際上不都合が生じる場面について例外を定めたり，他の分野で展開したりするのである。

✐Topic2・1　憲法は法律か？

　重要法令としての六法を読んで，モヤモヤしている人が居るかもしれない。憲法は法律ではないのではないか。

　憲法は，98条1項で，「この憲法は，国の最高法規であつて，その条規に反する法律，命令，詔勅及び国務に関するその他の行為の全部又は一部は，その効力を有しない。」と定めていて，国家の指針を定めるものである。そのため，改正手続も最高法規としての憲法（96条）と他の法律（56条）とでは異なっている。正確には「憲法の下に法律が存在する」のであって，他の法律と並列で並べるのは妥当ではない。法律とは，憲法に基づき，国会の議決を経て成立した法形式をさす。

✐Topic2・2　成文法の法形式

　法典の形で文字として存在する法を成文法と呼ぶ。憲法と法律の他に，命令・規則及び条例並びに条約という法形式が存在する。

　命令・規則は，国会で成立するのではなく，命令には，内閣その他の行政機関により制定される政令や省令などがあり，規則は国会以外の機関により制定され，衆議院規則，参議院規則，最高裁判所規則，人事院規則などがある。

　条例は，地方公共団体の議会の議決により定められる。しばしば耳にするのは，景観条例や迷惑防止条例ではないだろうか。

　条約は，国家間または国家と国際機関との間の文書によって締結される国際的合意をいう。協定，協約，憲章，規約，議定書などと呼ばれる。

016 UNIT❶ 法学のトリセツ

> *Legal tips 2. 1 分野としての○○法*
>
> ---
>
> 　重要法令としての六法で，聞いたことのある法律名を挙げてもらったが，労働法や行政法，消費者法といったものが挙げられることもある。これらは法律の名称のようにも見えるが，実はそうでない。そのような法律は存在せず，いくつかの法律をまとめて呼ぶ法分野としての名称である。大学の講義名称でもある。残念ながらどれが法分野でどれが法令の名称なのかは，学習を始めてみないと分からない。徐々に分かれば良いだろう。

§3 ── 六法の使い方

　法令集としての六法の使い方を簡単に説明しておこう。

　六法は，国語辞典のように五十音で並んでいるわけではない。分野ごとにまとめられている。掲載されている法令もその順序も細かいところでは，六法ごとに異なっている。したがって，講義においては，決してページ数が示されるわけではなく，法律名と条文の番号（条名）が示されるにすぎない。たとえば，民法90条を見てください，というように。民法90条を分厚い六法の最初のページからペラペラめくって探しているのでは講義が終わってしまう。六法には引き方がある。

　まず表紙を開いてすぐに法令名索引が登場する。ここで民法を探す。すると民法の掲載されている一番最初のページが示されている。そのページを開いたら，条文は番号順に並ぶので，90条を探すことになる。見つかっただろうか。

　そのページの見開きの左右を見ると，黒い背景に民法と書かれている部分があるだろうか。六法を閉じた腹の部分にこの黒のマークが見え，私のものでは，二つ目のマークが民法の掲載されている分野を表している。この分野の冒頭に民法が掲載されていた。次からはこのマークを目印に民法を開くことができる。

　各条文の後ろには，その条文と関連する参照条文が掲げられている。この部分は，本来の法令には存在しないが，利用者に便利なように，編者が掲載してくれているものである。

§4 —— 法律の分類

　法律にも大まかであるが分類がある。実は六法もこの分類に従って法令を掲載していると言っても良い。しかし，すべての法令が綺麗に分類できるわけではない。

　一番大きな分類は，私法と公法である。公法とは，国が絡むものと思っていただいてもよいだろう。正確には，国と公共団体相互の関係，またはそれらと国民との関係を定める法分野である。たとえば，刑法が公法に分類される。それに対して私法は，私人相互の関係を定める。代表格は，民法である。

　実体法とは，誰にどんな権利（義務）があるのか，権利の所在を定めるルールである。民法や刑法は，実体法である。所在が確定した権利を実現するための手続を定めるのが手続法である。民事訴訟法や刑事訴訟法がある。

　法律の適用に際して，広く適用されるのが一般法である。それに対して，特定の地域，事柄，人に限って適用される法律を特別法と呼ぶ。民法は一般法であるが，消費者契約法は，事業者と消費者とが契約する場面に限って妥当するルールである。同じ事件に適用可能な法律があるとき，特別法が一般法に優先して適用される。たとえば，商人が売買契約をするとき，商法にも民法にも売買の規定がある。この場合には，商法の規定が妥当する。それは商人という特殊性を考慮したルールが商法には定められているからである。商法に規定がなければ，商人に対しても民法が適用される。一般法というのはそういうルールである。

── ◇さらに考えてみよう◇ ─

❶ 映見に六法の意味と先輩の六法をもらうことについて助言してみよう。

❷ 図書館（あるならば自分）の六法で「民法」を探してみよう。

❸ ニュース記事から，関連しそうな法律を探してみよう。
　　──《ヒント： 記事から重要そうな単語を選び，「e-Gov法令検索」の「法令名」や「法令用語」検索をやってみる》

♪Theme—3 　裁判所は何をするところか

♪Key words　三審制/法の適用/弁護士

☆Case

　鶴太郎の起こした交通事故の損害賠償について，被害者Aの遺族との話し合いはなかなか進展しなかった。保険会社が，Aの遺族の要求通りの支払いを渋ったことが原因である。夫として，また子供の父親として一家を支えていたAを失った遺族にとって，今後の生活のことを考えると，簡単に妥協できないという事情もあった。
　そこで，Aの遺族は鶴太郎に対して損害賠償請求訴訟を起こすことにした。鶴太郎のもとには，裁判所から「訴状」と称する書面が書留郵便で送られてきた。

§1 ── 裁判所とは？

　損害賠償請求事件は，裁判所で取り扱われる事件の中では最も多い部類に属する。損害賠償額については，請求する側はなるべく多く，請求される側はなるべく少なくと，両者の思惑を合致させるのは難しいが，裁判所は，お互いの言い分を聞きながら，ひとつの結論を示してくれる。

　結論を出す方法は法律で定められている。誰が裁判官になるかによって，示される結論が変わってしまっては困る。不公平である。裁判官は，法律に従って判断することで，誰が判断しても同じような結果になる仕組みが用意されている──ただ，裁判官も人であるので，多少の違いはある。

　裁判所は，最高裁判所と簡易裁判所・地方裁判所・家庭裁判所・高等裁判所の下級裁判所が設置されている。それぞれの役割は違う。

　損害賠償請求の訴えは，簡易裁判所または地方裁判所に，訴状を提出して行う。簡易裁判所と地方裁判所の違いは，訴訟の目的となる物の価額による。簡

易裁判所では140万円を超えない請求事件を扱い，それ以外の事件は地方裁判所である。また，刑事事件についても，比較的軽い犯罪に関する審理が簡易裁判所で行われるが，それ以外は地方裁判所である。簡易裁判所は，全国各地に数多く設置されており，国民が身近で気軽に利用できるようにとの配慮から，手続も簡略化されている。

　家庭裁判所は，地方裁判所と同格の裁判所であるが，もっぱら家庭に関する事件，少年の保護事件などを扱う。法律だけではなく，人間関係の調整や少年の健全な育成を考慮した解決を図るため，家庭裁判所調査官（法律だけでなく，心理学・社会学の知識を裁判等に反映させるための専門家）が配置されている。

　地方裁判所の判決に不服があるとき，高等裁判所の判断を求めることができる。また，高等裁判所の判決にも不服があるとき，最高裁判所の判断を求めることができる。同じ事件で，3つの審級の裁判所の判断を求めることができ，「三審制」と言われている。

cf. 裁判所のホームページ

http://www.courts.go.jp/about/

◆**憲法32条**
　何人も，裁判所において裁判を受ける権利を奪はれない。
◆**憲法76条**
　すべて司法権は，最高裁判所及び法律の定めるところにより設置する下級裁判所に属する。
　2　（省略）
　3　すべて裁判官は，その良心に従ひ独立してその職権を行ひ，この憲法及び法律にのみ拘束される。
◆**裁判所法3条**（裁判所の権限）
　裁判所は，日本国憲法に特別の定のある場合を除いて一切の法律上の争訟を裁判し，その他法律において特に定める権限を有する。
　2　前項の規定は，行政機関が前審として審判することを妨げない。

✎**Topic3・1　三審制**

　　三審制というのは，第一審・第二審・第三審の3つの審級の裁判所を設け，同じ事件で，3回までの審理を受けることができるという制度である。
　　民事事件では，第一審の裁判所が簡易裁判所であれば，第二審は地方裁判所，第三審は高等裁判所である。第一審が地方裁判所または家庭裁判所であるとき，第二審は高等

裁判所,第三審は最高裁判所である。刑事事件では,上訴の裁判を集中するシステムになっており,第一審が簡易裁判所・地方裁判所のいずれであっても,第二審は高等裁判所になる。

　第一審の裁判所の判決に不服のあるとき,第二審の裁判所に「控訴」することができる。第二審の裁判所の判決にも不服のあるときは,第三審の裁判所に「上告」することができる。

　すべて裁判官は,独立してその職務を行い,憲法および法律にのみ拘束されることとされているので,たとえ下級裁判所であっても上級裁判所の指揮監督を受けることはないが,異なる判断がされたときは,上級裁判所の判断が最終判断になる。

　そうすると,法律解釈が問題になるような事件では,最高裁判所の法律解釈が採用されることになり,地方裁判所や高等裁判所が異なる解釈をしても,最高裁判所に上告されて同様の判断がされれば,地方裁判所や高等裁判所の法律解釈は否定されてしまう。つまり,三審制の中で,最高裁判所の判断(「判例」という。)が,地方裁判所や高等裁判所に対して,「事実上の拘束力」を有することになる。

§2 ── 民事裁判と刑事裁判

　法律が民事法と刑事法に区分されるのと同様,裁判も民事裁判と刑事裁判の区分がある。地方裁判所・高等裁判所においては,それぞれを専門とする裁判官がおり,両者の区分は重要である。

　刑事裁判は,犯罪者を逮捕し,検察官が裁判所に起訴することによって始まる。裁判所は,犯罪の事実をいろいろな証拠に基づいて確定し,被告人を有罪と認めたときは,その罪に見合った刑罰を科すのである(改めて,**Theme13**でも解説している)。死刑判決など,最終的には,被告人の命を奪うこともあるので,厳格な事実認定が行われる。裁判員裁判も,刑事裁判のうち一定範囲の事件が対象になる。

　これに対し,民事裁判は,私人間の財産権に関する紛争の解決を求める手続である。亀太郎はAの遺族から,民事裁判で人身損害に対する損害賠償額を決めるため,訴えの提起を受けたのである。損害賠償請求以外では,貸金の返還,不動産の明渡しなども,一方の当事者からの訴えの提起によって手続が開始し,裁判の手続を経て決着が付けられる。刑事裁判と同様,事実の認定は重要なプロセスではあるが,裁判官と当事者で自由に事件を組み立て処理しているようにも見える。

刑事裁判は，国家の機関である検察官が起訴することによって初めて手続が始まるのに対し，民事裁判は，私人が裁判による解決を望んだとき，私人が自らの意思で訴えを提起することにより手続が開始されるという違いがある。刑事裁判は「公」の利益，民事裁判は「私」の利益のために制度が運用されているのである。

✐Topic3・2　判決の効力

判決は，公開の法廷でその「言渡し」をする。民事裁判では，裁判長が判決の主文（「亀岡鶴太郎は，○○（Aの遺族）に対し，金5,000万円を支払え。」など）を朗読して行うものとされている。刑事裁判でも同様であるが，「宣告」といっている。裁判長が主文（「被告人を懲役○年に処する。」など）を朗読し，かつ理由を朗読しまたはその要旨を告げる。

判決がされた後，負けた当事者は，これに対して不服を申し立てることができる（✐Topic3・1　三審制）。これを「上訴」というが，上訴を行うことができない状態になったとき，判決は「確定」する。

判決が確定すると，判決の効力が発生する。民事裁判では，「既判力」，「執行力」，「形成力」である。刑事裁判では，「一事不再理」の効力が認められ，同一事件について再び審理することを許さない。

民事裁判の「既判力」は，同一の事項が再び訴訟になったとしても，「もっと請求できるはずだ。」など，確定判決と矛盾する主張や裁判をすることは許されないというものである。「執行力」は，鶴太郎の裁判では5,000万円支払うことになったので，鶴太郎が支払わないとき，判決に基づいて「強制執行」ができるという効果である。強制執行の方法は，いろいろであるが，乗用車や家屋，また給料の差押えなどが多い。

§3 ── 民事裁判の手続

原告からの訴えが裁判所に提出されると，裁判所では一つの「事件」として受け付け，口頭弁論や証拠調べを経て判決により決着がつけられる。

原告は「訴状」を裁判所に提出し，裁判所は，期日呼出状とともにこれを被告に送達する。☆*Case*は，これが行われた状態である。鶴太郎が，これを無視して，裁判所の呼び出しに応じず，何らの書面も提出しない場合は，原告の言い分をそのまま認めたものとされ（自白の擬制），判決が言い渡される。「欠席判決」である。

裁判においては，当事者双方が主張を述べる機会を平等に与えなければなら

ない（双方審尋主義）。そして，これは「口頭弁論」という方式で行うのが原則である。書面審理では裁判の適正と迅速が確保できないこと，また，裁判を公開しなければならないという要請に応える必要があること等から，「口頭（審理）主義」が採用されている。

「口頭弁論」では，当事者双方が，自己に有利な事実を主張し，証拠を提出する。必要があれば回数が重ねられるが，お互いの主張がバラバラでかみ合わない状態では，効率的な審理を行うことはできない。そこで，複雑な事件では，主張立証の整理を事前に行い，その後に集中して証拠調べ・審理を行うこととされている。

裁判所は，証拠調べ等を経て，自己の判断を作り上げていき，具体的な事実の有無が確信できれば，その事実に法律を適用して判決をする。しかし，いくらやっても具体的な事実の有無が不明なことがある。この場合でも，判決をしないわけにはいかない。どのような方法で行うか。

民事裁判では，いずれかの当事者に事実を証明する責任（立証責任）を負わせ，その者が事実の有無を証明できなければ，その事実の有無についてその者を不

Legal tips 3.1 　法の適用・「法的三段論法」とは？

裁判所で審理の対象になるのは，法律上の争訟に限られ，法律等の条文の適用によって，権利義務や法律関係の存否を判断できるものに限られる。

裁判で使われる個別の法律条文は，どのような事実があれば（「法律要件」という），どういった権利が発生するか，またしないか（「法律効果」という）が記述されている。例えば，「人を殺した者は，死刑又は無期若しくは5年以上の懲役に処する。」（刑法199条）のようにである。

ここで，「甲が乙を殺した」という事実があったとすると，「甲は死刑」という結論が下される。

これを「法的三段論法」という。

三段論法というのは，例えば，「人間はみな死ぬ。ソクラテスは人間である。ゆえにソクラテスは死ぬ。」というように論理を運んでいくことをいう。

「人間は必ず死ぬ」（大前提），「ソクラテスは人間である」（小前提），故に「ソクラテスは死ぬ」（結論）というように，大前提，小前提および結論からなる論理の運び方のひとつで，ギリシャの哲学者アリストテレス以来の伝統をもつものである。同じようなことを法の適用で行う。これが，「法的三段論法」である。

利に扱うというルールを使う。民事裁判では，真偽不明として，裁判をしないということは許されず，原告の請求を認めるか，認めないか，はっきり白黒をつけなければならないのである。

これに対して，刑事裁判では，「疑わしきは被告人の利益に。」という取扱いがされ，真偽不明であれば，被告人は無罪とされる。

◆**憲法82条**
　裁判の対審及び判決は，公開法廷でこれを行ふ。
②裁判所が，裁判官の全員一致で，公の秩序又は善良の風俗を害する虞があると決した場合には，対審は，公開しないでこれを行ふことができる。但し，政治犯罪，出版に関する犯罪又はこの憲法第三章で保障する国民の権利が問題となつてゐる事件の対審は，常にこれを公開しなければならない。

◆**民事訴訟法87条**（口頭弁論の必要性）
　当事者は，訴訟について，裁判所において口頭弁論をしなければならない。ただし，決定で完結すべき事件については，裁判所が，口頭弁論をすべきか否かを定める。
2　前項ただし書の規定により口頭弁論をしない場合には，裁判所は，当事者を審尋することができる。
3　前二項の規定は，特別の定めがある場合には，適用しない。

◆**同133条**（訴え提起の方式）
　訴えの提起は，訴状を裁判所に提出してしなければならない。
2　訴状には，次に掲げる事項を記載しなければならない。
一　当事者及び法定代理人
二　請求の趣旨及び原因

◆**同159条**（自白の擬制）
　当事者が口頭弁論において相手方の主張した事実を争うことを明らかにしない場合には，その事実を自白したものとみなす。ただし，弁論の全趣旨により，その事実を争ったものと認めるべきときは，この限りでない。
2　相手方の主張した事実を知らない旨の陳述をした者は，その事実を争ったものと推定する。
3　第一項の規定は，当事者が口頭弁論の期日に出頭しない場合について準用する。ただし，その当事者が公示送達による呼出しを受けたものであるときは，この限りでない。

◆**同164条**（準備的口頭弁論の開始）
　裁判所は，争点及び証拠の整理を行うため必要があると認めるときは，この款に定めるところにより，準備的口頭弁論を行うことができる。

◆**同182条**（集中証拠調べ）
　証人及び当事者本人の尋問は，できる限り，争点及び証拠の整理が終了した後に集中して行わなければならない。

024 UNIT❶ 法学のトリセツ

cf.「裁判手続の案内・民事事件」
http://www.courts.go.jp/saiban/syurui_minzi/index.html

✐Topic3·3 裁判の迅速化

民事裁判は，時間も費用もかかるというのが，世間一般の受け止め方である。かつては，原告が訴状と弁護士の委任状だけ裁判所に提出し，被告が，原告の請求や請求原因事実を認めるかどうかを見て，主張や証拠を後出しする「相手の出方待ち」作戦が普通に行われていた。そのため，裁判所の審理も集中して行われないため，「五月雨（さみだれ）審理」といわれていた。こういったやり方では，裁判官も事件の核心を理解するのに手間取り，一人の裁判官の在任中に事件の処理ができないという事態も数多く起こっていた。

こういった事態は国民の利益を損なうものであるので，訴訟運営に関わる裁判官・弁護士等の協力により，準備的口頭弁論や集中証拠調べを充実させ，短縮化が図られている。

さらに，2003年7月には，「裁判迅速化法」（裁判の迅速化に関する法律）が施行され，国の責任において，裁判の迅速化が取り組まれることとなった。同法では，民事裁判・刑事裁判ともに，第一審の訴訟手続を「2年以内のできるだけ短い期間内にこれを終局」させることとし，充実した手続を実施することならびにこれを支える制度および体制の整備を図ることにより行われるものとされた。

§4 ── 弁護士の役割

民事裁判・刑事裁判を通じて，重要な役割を果たすのが，「弁護士」である。

民事裁判では，とくに強制されているわけではないが，弁護士が訴訟代理人になることが多い。刑事裁判においては，私選または国選の「弁護人」が，弁護士の中から選ばれ，法律専門家として被告人の弁護活動をする。

弁護士の活動領域は広い。民事事件では，法律要件に則して，依頼者の主張を整理するなどして，訴訟にかかわるほか，他人の法律相談を受けることも重要な業務である。訴訟事件への係わりは，法律相談がスタートになる場合が多い。また，法律顧問として日常的に法律事務にかかわることもあり，最近は，企業が弁護士を社員や役員として抱え，企業独自の法律事務を直接担当させるほか，コンプライアンスの徹底や経営判断に関与することも多くなってきている。「インハウスローヤー（企業内弁護士)」と呼ばれている。

刑事裁判においても，公判期日の弁論や証拠の収集・提出など直接裁判に関わるほか，捜査段階で，被疑者と面会し，孤立感から生じる不安を軽減したり，

Theme─3　裁判所は何をするところか　*025*

手続や権利の説明，助言などを行うとともに，家族や職場への連絡など，身体を拘束されている被疑者が行いたくても行えないことを代わって行うことがある。

cf.「日本弁護士連合会・弁護士を知る」
https://www.nichibenren.or.jp/legal_info.html

　弁護士以外の法律関係の職業人として，「司法書士」が重要である。司法書士は，依頼人が裁判所もしくは検察庁に提出する書類の作成，簡易裁判所における民事裁判の手続きについての代理などを行うことができる。ただし，弁護士の業務の領域との境界線がはっきりしない部分もあり，司法書士の業務が弁護士法72条違反として問題になることがある。

◆**弁護士法1条（弁護士の使命）**
　弁護士は，基本的人権を擁護し，社会正義を実現することを使命とする。
2　弁護士は，前項の使命に基き，誠実にその職務を行い，社会秩序の維持及び法律制度の改善に努力しなければならない。
同3条（弁護士の職務）
　弁護士は，当事者その他関係人の依頼又は官公署の委嘱によつて，訴訟事件，非訟事件及び審査請求，再調査の請求，再審査請求等行政庁に対する不服申立事件に関する行為その他一般の法律事務を行うことを職務とする。
◆**同72条（非弁護士の法律事務の取扱い等の禁止）**
　弁護士又は弁護士法人でない者は，報酬を得る目的で訴訟事件，非訟事件及び審査請求，再調査の請求，再審査請求等行政庁に対する不服申立事件その他一般の法律事件に関して鑑定，代理，仲裁若しくは和解その他の法律事務を取り扱い，又はこれらの周旋をすることを業とすることができない。ただし，この法律又は他の法律に別段の定めがある場合は，この限りでない。
◆**民事訴訟法54条（訴訟代理人の資格）**
　法令により裁判上の行為をすることができる代理人のほか，弁護士でなければ訴訟代理人となることができない。ただし，簡易裁判所においては，その許可を得て，弁護士でない者を訴訟代理人とすることができる。

✎**Topic3・4　本人訴訟**
　平成27年版の司法統計年報によると，地方裁判所を第一審裁判所とする訴訟事件で双方の当事者に弁護士が付けられたものは44％，簡裁事件では6％に止まっている。
　日本の民事訴訟制度は，当事者が訴訟代理人として弁護士に委任せず，本人が直接訴

訟行為をすることを許しており，「本人訴訟」と呼ばれている。

　「本人訴訟」が多いのは，弁護士報酬に原因があるものと思われる。弁護士報酬は，主として，着手金（結果いかんにかかわらず，手続を進めるために必要な費用），報酬金（成功報酬）で構成されており，具体的金額については，事件の内容，弁護士自身の経験年数などにより様々である。

　なお，弁護士費用については，日本司法支援センターの法律扶助の制度，弁護士保険などが活用されている。とくに上級審での法律問題を中心としたやりとりが避けられないため，やはり本人訴訟では，当事者の権利保護に欠けることが意識されたものである。

cf. 「日本弁護士連合会・弁護士報酬（費用）のご説明」
https://www.nichibenren.or.jp/contact/cost/legal_aid.html

　刑事裁判においては，死刑・無期もしくは3年を超える懲役・禁錮にあたる事件の審理をする場合，弁護人がいないと開廷できないものとされている。

── ◇さらに考えてみよう◇ ──

❶　裁判所のホームページを見て，民事裁判の具体的の進行手順を調べなさい。

❷　普通に生活している私たちが，弁護士と接点を持つのはどんな場合だろうか。弁護士に相談する場合に心得ておいた方がよいことは何か，考えてみよう。

▷ ▶UNIT❷　憲法ナビ

the Guide to Constitution

♪ Theme─4　法律が憲法に違反すると

♪ Theme─5　憲法で守られる人権とは

♪ Theme─6　憲法は差別問題についてどう考えているか

△△△△△

♪Theme—4　法律が憲法に違反すると

♪**Key words**　違憲立法審査権/内閣法制局

☆*Case*

　鶴太郎は、将来太秦映見と結婚したいと考えていたが、自分の氏名も彼女の氏名も変えることについては抵抗があった。亀岡鶴太郎という名も太秦映見という名も大事にしたいと思っていたからである。そんなある日、夫婦同氏でなければならないことに抵抗を感じているＡたち４人が裁判を起こすこと（夫婦別姓訴訟）がニュースになっていた。彼らが主張する、戸籍法などに基づき、日本人と外国人の婚姻や日本人同士の離婚では同姓か別姓かを選択できるのに、日本人同士の婚姻で選べないのは法の下の平等に反するとの主張については、本当にそのとおりだと思う。しかし、この人達は、４人で提訴して220万円の損害賠償を国に求めるという。平均すれば一人55万円である。自分なら損害賠償なんて請求しない。この点がなんとも釈然としなかった。

§1 ── 違憲立法審査権

★1　憲法の性質と違憲立法審査権

　憲法とは国家の指針を定める法規であり，日本という国のあり方を定めている。そこで，憲法98条１項が「この憲法は，国の最高法規であつて，その条規に反する法律，命令，詔勅及び国務に関するその他の行為の全部又は一部は，その効力を有しない。」と定めるのである。憲法が最高法規である証拠に，憲法は，その改正手続が他の法律と比べて難しい（憲法96条１項。56条も参照）。加えて，憲法には，その最高法規性を基礎づける基本的人権尊重の原理が定められている。したがって，国会で立法された法律や国家の行為が憲法に適合するのかを判断し，立法及び行政が基本的人権を侵害する場合に，それを救済する

030 UNIT❷ 憲法ナビ

機関が必要となる。そういった機関が無ければ，いくら憲法が最高法規だと言ってみても，また基本的人権が定められていても，基本的人権を踏みにじるような法律が完全に有効に制定されてしまうのである。

では，誰にその大役を任せるのが妥当か。国会議員や内閣は，立法やその提案をする人たちであり，何らかの必要性を感じて立法をする人たちであるから，自らの立法あるいはその提案が違憲だとは言わないであろう。したがって，違憲審査をする機関は，行政や立法から中立な立場でなければならない。

以上のことから，わが国では，裁判所に違憲立法審査権が与えられ，「最高裁判所は，一切の法律，命令，規則又は処分が憲法に適合するかしないかを決定する権限を有する終審裁判所である。」とされている（憲法81条）。最高裁判所だけが審査権を持っているわけではない。すべての裁判官は憲法と法律に拘束され，憲法を尊重し擁護する義務を負っているので，具体的事件に法令を適用して裁判するにあたり，その法令が憲法に適合するか否かを判断することは，憲法に課せられた裁判官の職務と職責だとされる。したがって，下級裁判所も当然に違憲審査権を行使できる。

> ◆憲法96条　この憲法の改正は，各議院の総議員の3分の2以上の賛成で，国会が，これを発議し，国民に提案してその承認を経なければならない。この承認には，特別の国民投票又は国会の定める選挙の際行はれる投票において，その過半数の賛成を必要とする。
> ◆憲法56条　両議院は，各々その総議員の3分の1以上の出席がなければ，議事を開き議決することができない。
> ②　両議院の議事は，この憲法に特別の定のある場合を除いては，出席議員の過半数でこれを決し，可否同数のときは，議長の決するところによる。

★2　付随的違憲審査制

わが国の違憲審査は，通常裁判所が行うものであって，通常裁判所は具体的な訴訟事件を裁判する裁判所である。したがって，その裁判所が違憲審査を行うのは，もちろん具体的事件を判断する際に，その事件の解決に必要な範囲（適用法条の違憲審査）に限られることになり（付随的違憲審査制），違憲審査だけを申立てても受理されない。付随的審査制を採るために，憲法判断をしなくても事件を解決できる場合には，憲法判断は行われず，法令に複数の解釈が可能な場合には，合憲的解釈が採用される。

これに対して，憲法裁判所を設置し，当該裁判所が抽象的に違憲審査を行う（抽象的違憲審査制）ドイツのような国もある。

🖉**Topic4・1　恵庭事件（札幌地判昭和42・3・29下刑集９巻３号359頁）**

　北海道恵庭町（現恵庭市）の自衛隊演習場近接地に牧場を有していたＡが自衛隊の通信線を切断し，自衛隊法に基づき起訴された事件で，Ａは，自衛隊の憲法９条違反を主張したが，札幌地方裁判所は，Ａが切断した通信線は自衛隊法121条の「その他防衛の用に供する物」に該当しない，として無罪判決を下し，憲法判断を回避した。

---

§2 ── 立法過程での合憲性確認

　立法は国会の仕事であるが，裁判官とは異なり，国会議員になるための資格試験があるわけではなく，もちろん法学部を出た議員もいるが，法律の専門教育を受けたことのない議員も多数いる。法案自体は内閣から提出されることの方が多いが（閣法），議員が法案を提出する議員立法と呼ばれるものもある。内閣から提案される法案も，それを所管する各省庁が立案するわけで，そこで働く国家公務員とて，法学教育を受けた者ばかりとはいえない。法学教育を受けていたとしても，立法について学ぶことはほとんどないから，法律案の作成は大変困難である。立法趣旨をいかに反映させるか，条文をどのように書くか，法律をどのように構成するか，そしてなにより憲法に違反しないかの判断も必要となるし，他法との関係も問題となりうるのである。

　そこで各省庁が法案を作成する際には，内閣法制局という部署の審査を受ける。内閣法制局とは，内閣に置かれた行政機関である。各省庁出身の法的知識の豊富な人や裁判官が出向し執務している。いわゆるエリート官僚の中のエリートと言われる人たちが，ここで法案提出前に大変厳しいチェックを行っているのである。同様に国会の両議院にもそれぞれ法制局があり，国会議員が立法提案する場合に，その補佐を行っている。しかし，議員立法に際して，必ず法制局の助言を得なければならないわけではない点で，内閣提出法案とは異なる。

032　UNIT❷　憲法ナビ

このように，立案時点においてすでに違憲でないかのチェックが行われる。

§3 ── 違憲立法審査権限の強大さと工夫

　最高裁判所で違憲審査を行う場合には，原則として，最高裁判所裁判官全員（15人）の合議体である大法廷でしなければならない（裁判所法10条1号および2号）。そして，違憲判断をするのは，8人以上の裁判官の意見が一致しなければならないこととされている（最高裁判所事務処理規則12条）。

　ところで，法律のある法条が違憲であると判断される場合について考えてみる。法律は，国会で立法されるが，国会は国会議員で構成され，国会議員は国民が選挙により選出している。つまり，日本の国民が選んだ国会議員が議論をして立法した法律が憲法に違反するかどうかを裁判所が判断するわけであるが，最高裁判所で最終的に判断するのは，15人で，そのうち8名が違憲だと言えば良い。憲法81条は，最高裁判所に強大な権力を与えているのである。

　そこで憲法学説は，違憲審査の「二重の基準論」を定説としている。基本的人権や参政権が侵害される事例においては，やむにやまれぬ目的と必要最小限度の手段であることを侵害者側（国）が立証しなければ，違憲と判断される（厳格審査）。民主的に定められていることを前提としても，裁判所が疑ってかかるのである。これに対して，経済的自由の分野においては，合理的目的も手段も備わっていないことを侵害された者が立証して初めて違憲と判断される（合理性の基準）。国民が国家に多くの期待をし，有権者として選択を行った上で議会の判断に委ねたものであり，著しく不合理で，少数者に理不尽な負担を課すものでない以上，裁判所が覆すべきものではない，との思想に基づいている。

§4 ── 違憲判決の効果

　違憲判決により，法令が違憲であると判示された場合に，その法令は無効となるのか，それともその事件におけるその法令の適用が排除されるのか。学説上の対立はあるが，付随的審査制を採るために，後者が通説とされる。また，違憲判決が出された場合においても，裁判所は立法機関ではないために，無効

Theme—4　法律が憲法に違反すると　033

の法令を修正したり削除したりするわけにはいかない。尊属殺を定めた刑法
200条が違憲であるとされた昭和48年（1973年）から平成7年（1995年）までの
20年以上の間削除されなかったのは有名な事実である（✐Topic6・2）。

　刑法200条が違憲と判断されると，被告人は，通常の殺人罪に問われること
になる。しかし，一票格差が問題で公職選挙法の区割りが違憲であると判断さ
れるとどうか。その区割りに基づいてすでに選挙が行われているので，その結
果も無効にするかどうかが問題となる。無効にする危険としてあげられるのは，
選挙結果を見てからの判断とならざるを得ず，裁判官による恣意が働く可能性
がないとは言えないことである。最高裁長官の指名は内閣が行うことになって
おり，内閣総理大臣が自分の友人を最高裁長官に指名することができる。その
長官が自分を指名してくれた内閣総理大臣を忖度して，選挙無効にしないとも
限らない（平成29年には，官僚が首相の意向を忖度し国有地を安く特定の法人に売却
したのではないかと問題となった）。憲法上の歯止めはない。また，裁判には時間
が掛るために，その間すでに法案審議など決議が行われていると，その効力ま
で問題となることなど不都合も生じる。戦後，日本で国政選挙が無効とされた
ことはなく，衆議院議員選挙の昭和51年違憲判決も，選挙を無効としなかった。
公職選挙法にはそのような取扱いが定められているわけではないが，最高裁昭
和51年判決が，行政事件訴訟法31条1項に定められた事情判決の論理を一般化
して，結論づけた。

　◆行政事件訴訟法31条
　　取消訴訟については，処分又は裁決が違法ではあるが，これを取り消すことにより
公の利益に著しい障害を生ずる場合において，原告の受ける損害の程度，その損害の
賠償又は防止の程度及び方法その他一切の事情を考慮したうえ，処分又は裁決を取り
消すことが公共の福祉に適合しないと認めるときは，裁判所は，請求を棄却すること
ができる。この場合には，当該判決の主文において，処分又は裁決が違法であること
を宣言しなければならない。

　民法旧900条4号ただし書前段はかつて，ある者の相続について，婚姻外で
出生した子（嫡出でない子）と婚姻関係のある夫婦の間に生まれた子とが相続
人となる場合には，前者の相続分として後者の半分しか認めていなかった。こ
の規定が憲法14条1項に反することをやっと認めた平成25年（2013年）判決も

034 UNIT❷ 憲法ナビ

訴えの提起から10年以上経過していた。判決は，この規定が遅くとも平成13年7月当時において憲法14条1項に違反していたと判示したが，その間数多の相続が起っていたはずであり，それらもすべて無効とするならば大変なことになる。そこでこの違憲判断は，この規定を前提としてされた遺産の分割の審判その他の裁判，遺産の分割の協議その他の合意等により確定的なものとなった法律関係に影響を及ぼすものではないとしている。

✐Topic4・1　昭和51年議員定数判決

　本件議員定数配分規定についてみると，右規定が憲法に違反し，したがつてこれに基づいて行われた選挙が憲法の要求に沿わないものであることは前述のとおりであるが，そうであるからといつて，右規定及びこれに基づく選挙を当然に無効であると解した場合，これによつて憲法に適合する状態が直ちにもたらされるわけではなく，かえつて，右選挙により選出された議員がすべて当初から議員としての資格を有しなかつたこととなる結果，すでに右議員によつて組織された衆議院の議決を経たうえで成立した法律等の効力にも問題が生じ，また，今後における衆議院の活動が不可能となり，前記規定を憲法に適合するように改正することさえもできなくなるという明らかに憲法の所期しない結果を生ずるのである。それ故，右のような解釈をとるべきでないことは，極めて明らかである。

　（出典：最大判昭和51・4・14民集30巻3号223頁）

── ◇さらに考えてみよう◇ ──

❶　冒頭で揚げたCaseでＡら4人は，制度の違憲性を主たる論点として訴えを起こしたのに，なぜ損害賠償を請求したのだろうか？

❷　平成26年の衆議院議員選挙での1票の格差が問題となった最高裁平成27年11月25日大法廷判決（平成27年重要判例解説8頁，判時2281号20頁，判タ1420号48頁）を読んで，選挙の区割りが憲法の投票価値の平等の要求に反する状態にあったと評価されたのに，違憲だとされなかった理由を読み解いてみよう。

035

△△△△△

♪Theme─5 憲法で守られる人権とは

♪**Key words** プライバシー/ネット検索結果/個人情報

☆*Case*

鶴太郎も、今の会社に入社してはや5年、立派な中堅社員である。ある日、仕事を終え帰宅、明日のことを考えながら、インターネットで時間をつぶしていた。そんな中、たまたま、「亀岡鶴太郎　京都府」と入力して、インターネット検索をしてみた。すると、学生時代に、面白い動画を作ってYouTubeに投稿しようとして、警官相手にいたずらをして偽計業務妨害で逮捕されたニュース報道が出てきた。鶴太郎は、起訴もされず、また、やってしまったことに対する深い反省が大学からも認められ、懲戒処分を免れた。また、鶴太郎自身も、生まれ変わった気持ちで、新たな生き方をし、それから何年もたっているのにである。

鶴太郎は、パソコンを前に、悪夢を見る思いで暗澹たる気持ちになった。

§1 ── 鶴太郎の権利は侵害されているか？

ウェブサイトに公開された記事は，個人のblogも含め，Google，Yahoo!などの検索サービス事業者により，独自のソフトウェアを用いて収集されている。収集された情報には見出し等が付けられ，検索すると，表示されるようになっている。よく知られた仕組みで，レポートの作成等で活用している学生も多いのではなかろうか（カンニング類似の行為として，処分の対象になることに注意！）。学生のこういった利用をはじめ，正当な目的による利用とは言えないものもあるにはあるが，そのことはともかくとすれば，インターネット社会での情報収集・活用を図る際にはなくてはならないサービスであり，多くの人たちに利用されている。

しかし，誰にでも他人に知られたくないことはある。とくに過去の大失敗な

どは，本人も早く忘れてしまいたいというのが正直なところだろう。

　最高裁判所の判例でも，30年以上前から，「前科および犯罪経歴は人の名誉，信用に直接にかかわる事項であり，前科等のある者もこれをみだりに公開されないという法律上の保護に値する利益を有する」というものがある。

　そうすると，鶴太郎の過去の大失敗である，偽計業務妨害で逮捕された事実については，みだりに公開されないという法律上の保護に値する利益（以下，「権利」と言い替える）を鶴太郎は有していることになる。それにもかかわらず，鶴太郎の同意なしに検索サイトに表示されることは，鶴太郎の権利を侵害していることにならないだろうか。

§2 ── プライバシーの尊重とは？

★1　自己情報コントロール権としてのプライバシー権

　他人に知られたくない個人の情報は，その人のプライバシーとして，法律上の保護を受ける。もちろん，その情報が真実であることは当然である（ある人について，真実でない情報を公開すれば，「名誉権」が問題になる）。

　プライバシーが権利として認識され，その侵害について損害賠償請求などの対象になった事例は古くからある。有名なのが，元外務大臣有田八郎をモデルにした三島由紀夫の小説『宴のあと』である。昭和39年9月に東京地裁で判決があり，はじめてプライバシーが権利として認められた。

　同判決によれば，公開された内容が，①私生活上の事実または私生活上の事実らしく受取られるおそれがあり，②一般人の感受性を基準にして公開を欲しないと認められ，③一般の人々に未だ知られていない，ということがあれば，プライバシー権の侵害にあたると考えられ，損害賠償請求等の対象となる。

　ここでは，個人が私生活において，他人から干渉されず，平穏に生活するという利益が害されるということが，プライバシー権の侵害として問題になる。

　これに対し，最近は，自分の知らないところで自分の情報が管理されることも，プライバシー権の侵害と考えられるようになった。最高裁においても，大学がその主催する講演会に参加を申し込んだ学生の学籍番号，氏名，住所，電話番号等の情報を警察に開示した行為について，プライバシーの侵害に当たる

と判断している（早稲田大学江沢民主席講演会事件・最高裁平成15年9月12日判決）。それ自体単純な情報であって，秘密性はそれほど高いとはいえないとしても，「本人が，自己が欲しない他者にはみだりにこれを開示されたくないと考えることは自然なことであり，そのことへの期待は保護される」と考えるわけである。

とすると，プライバシー権は，「自己情報コントロール権」と考える側面もあるということになる。

★2　プライバシー権の根拠は？

ところで，プライバシー権については，憲法やその他法律に規定がない。何を根拠にしているのだろうか。

これについては，憲法13条を解釈して，プライバシー権を導き出すというのが，判例・学説の一致した考え方である。憲法13条は，個人としての尊重を価値あるものと位置づけており，そうすると個人のプライバシー権についても，同様に尊重すべきというのである。

憲法13条は，個人の尊重とともに，幸福追求権についても定めている。幸福追求権とは何か。これは，アメリカの独立宣言の「〈天賦不可侵の権利〉のなかに生命，自由および幸福の追求が含まれることは自明である」の文言に由来する。

何をもって幸福というか，社会，環境，時代によって違う。そこで，社会，環境，時代によって必要とされる新しい人権の受け皿となる根拠規定として憲法13条を読み直してみると分かりやすいかもしれない。その意味から，幸福追求権は，「包括的権利」と呼ばれ，憲法の基本的人権の規定を拡張する機能を持つものと考えられている。こうして作られた代表的な人権が，プライバシー権である。

◆**憲法13条**
　すべて国民は，個人として尊重される。生命，自由及び幸福追求に対する国民の権利については，公共の福祉に反しない限り，立法その他の国政の上で，最大の尊重を必要とする。

038 UNIT❷ 憲法ナビ

✐Topic5・1 「プライバシー権」のいろいろ

Googleストリートビューで，居住しているアパートのベランダに干していた洗濯物の写真が公表されたことについて，プライバシー権の侵害が問題になった事件がある。裁判所は，撮影によって，「私生活の平穏の利益の侵害が，社会生活上の受任の限度を超えるものとはいえない」と判断した。

また，住民基本台帳ネットワークシステム（「住基ネット」と略称されている）により行政機関が住民の本人確認情報を収集，管理または利用する行為が問題になった事件がある。これについても裁判所は，「個人に関する情報をみだりに第三者に開示または公表するものということはできず，当該個人がこれに同意していないとしても，憲法13条により保障された上記の自由を侵害するものではない」とした。

前者では，「宴のあと事件」で明らかにされた古典的なプライバシー権が，後者では，「自己情報コントロール権」としてのプライバシー権が問題になり，いずれも否定された事例である。

---

§3 ── 検索結果の削除はできるか？

鶴太郎の経験したように，インターネット上の自分に関する投稿などによってプライバシー等の侵害がある場合に，Googleなどの検索エンジンの提供事業者に対して，検索結果の削除を求めることが考えられる。これが認められると，多数のサイトに拡散するプライバシーの侵害行為を，一挙に取り除くことができ，有効な方法である。

そこで，自分の名前と居住する県名を入れて検索すると，プライバシー等を侵害する情報が掲載されているウェブサイトのＵＲＬ，表題および抜粋が提供されていることを問題にして，検索エンジンを運営するGoogleに対して，人格権ないし人格的利益に基づき，民事保全法23条2項により検索結果の削除を求める仮処分命令を申し立てることになる。この種の事件は最近数多く起こっているが，裁判所の判断は一様ではないようである。

◆民事保全法**23条**（仮処分命令の必要性等）
　　係争物に関する仮処分命令は，その現状の変更により，債権者が権利を実行することができなくなるおそれがあるとき，又は権利を実行するのに著しい困難を生ずるおそれがあるときに発することができる。
　　2　仮の地位を定める仮処分命令は，争いがある権利関係について債権者に生ずる著しい損害又は急迫の危険を避けるためこれを必要とするときに発することができる。

Theme—5　憲法で守られる人権とは　*039*

Legal tips 5.1　仮処分

　検索結果の削除を求めた事件では，個人がGoogleに対して，プライバシー等の侵害を理由として，検索結果の削除請求権を有すると主張し，「仮の地位を定める仮処分命令」として「検索結果の仮の削除決定」を求めて訴えを提起した。
　「仮の地位を定める仮処分命令」とは，検索結果がそのまま表示されておれば，訴えを提起して裁判で勝っても，回復できない重大の損害が生じることになってしまうような事態の発生を避けるため，「仮に」，つまり一時的に削除を認めるというのが本来である。プライバシー侵害行為の差止請求訴訟の確定までの間の仮の地位を定める手続きで，「民事保全法」に規定がある（同法23条2項）。通常は，仮処分命令の発令に当たって，担保を立てることが要求され，判決ではなく，決定の形式で発令される。
　なお，「検索結果の仮の削除決定」は，これが認められれば，その執行により満足の段階まで至る。

◆民事保全法**24条**（仮処分の方法）
　裁判所は，仮処分命令の申立ての目的を達するため，債務者に対し一定の行為を命じ，若しくは禁止し，若しくは給付を命じ，又は保管人に目的物を保管させる処分その他の必要な処分をすることができる。

　最高裁まで審理された事件は，裁判において，当事者が，ある程度の期間経過後は過去の犯罪について社会から「忘れられる権利」を主張してきたことなど，現代社会の問題に対する法の対応として，今までにはなかった新しい理論が議論されたことは注目してよいだろう。

　「忘れられる権利」については，ＥＵ司法裁判所の2014年5月13日の判決が注目されている。スペイン人男性が10年以上前の社会保険料未納に関する記事を検索結果から削除するようGoogleに求めたもので，「忘れられる権利」の行使として，削除が認められたのである。日本で起こった事件もこうした最新の理論が参照された。

　そして，第一審のさいたま地裁は，ある程度の期間が経過した後は過去の犯罪を社会から「忘れられる権利」を有するとして，これを根拠に削除を認めた。これに対し，第二審の東京高裁は，そのような権利はわが国の法律には存在しないとして，認めなかった。最高裁は，「忘れられる権利」には言及せず，「プライバシーの権利」の問題として検討した（✐Topic5・2）。本件では，その必

040 UNIT❷　憲法ナビ

要がないと考えたのであろう。

🖉Topic5·2　インターネット検索結果の削除の可否

　検索結果の削除を求めた仮処分事件の最高裁決定（最三小決平成29.1.31民集71巻1号63頁）は，次のように判断した。

❶　検索エンジンおよび検索結果の表示とは何か？

「検索事業者は，インターネット上のウェブサイトに掲載されている情報を網羅的に収集してその複製を保存し，同複製を基にした索引を作成するなどして情報を整理し，利用者から示された一定の条件に対応する情報を同索引に基づいて検索結果として提供するものであるが，この情報の収集，整理及び提供はプログラムにより自動的に行われるものの，同プログラムは検索結果の提供に関する検索事業者の方針に沿った結果を得ることができるように作成されたものであるから，検索結果の提供は検索事業者自身による表現行為という側面を有する。」

❷　検索結果削除の基準は何か？

「検索事業者が，ある者に関する条件による検索の求めに応じ，その者のプライバシーに属する事実を含む記事等が掲載されたウェブサイトのURL等情報を検索結果の一部として提供する行為が違法となるか否かは，当該事実の性質及び内容，当該URL等情報が提供されることによってその者のプライバシーに属する事実が伝達される範囲とその者が被る具体的被害の程度，その者の社会的地位や影響力，上記記事等の目的や意義，上記記事等が掲載された時の社会的状況とその後の変化，上記記事等において当該事実を記載する必要性など，当該事実を公表されない法的利益と当該URL等情報を検索結果として提供する理由に関する諸事情を比較衡量して判断すべきもので，その結果，当該事実を公表されない法的利益が優越することが明らかな場合には，検索事業者に対し，当該URL等情報を検索結果から削除することを求めることができるものと解するのが相当である。」

❸　そして，結論は？

「……罰金刑に処せられた後は一定期間犯罪を犯すことなく民間企業で稼働していることがうかがわれることなどの事情を考慮しても，本件事実を公表されない法的利益が優越することが明らかであるとはいえない。」

---

§4 ── 個人情報の利用と保護

　2005年4月に施行された個人情報保護法は，その後のインターネットの普及や技術革新などを受け，2015年に大幅に改正された（2017年5月から施行）。

　改正前は，企業がビッグデータを収集・分析することは可能になったものの，とくに個人の行動・状態等に関する情報に代表される「パーソナルデータ」の

利活用について，個人のプライバシーに対する意識の高まりを反映して事業者にこれを躊躇させる「利活用の壁」があった。例えば，2013年，JR東日本がSuicaの乗降履歴を一部加工して，事前に利用者に説明せずに日立製作所に販売し，利用者の苦情が相次いだことなど，かなりインパクトの大きな事件も起こった。

　そこで，改正法は，「匿名加工情報」に関するルールを導入し，企業の持つビッグデータの利活用をやりやすくしようとした。個人のプライバシー権を尊重する一方で，パーソナルデータの円滑な利活用を進めるという考え方のもと，データとして利用するため，個人を識別できないよう，かつ，復元できないように加工し，これらの「匿名加工情報」は本人の同意なしにビジネスに利用できることとしたのである。

✐Topic5・3　個人情報保護法

　民間企業や行政機関が，コンピュータ等を利用して大量の個人情報を処理するようになり，これらが漏えいして個人プライバシーの侵害されるリスクが認識され，その対策として制定されたのが，「個人情報保護法」である。2005年4月から全面施行されている。個人情報保護法において，保護の対象である「個人情報」とは，生存する個人に関する情報であって，①当該情報に含まれる氏名，生年月日その他の記述等により特定の個人を識別することができるもの（他の情報と容易に照合することができ，それにより特定の個人を識別することができるものを含む），または，②個人識別符号が含まれるもの，のいずれかに該当するものをいう。

　①は，本人の氏名，生年月日，連絡先（住所・居所・電話番号・メールアドレス），会社における職位または所属に関する情報について，それらと本人の氏名を組み合わせた情報などが該当する。②は，特定の利用者認証のための生体認証データや基礎年金番号・運転免許証番号など，具体的に施行令・施行規則等に定められており，これに該当するものが含まれる情報が個人情報になる。

　特定の個人情報について，コンピュータを用いて検索することができるように体系的に構成したものを「個人情報データベース等」といい，個人情報データベース等を事業の用に供している者を「個人情報取扱事業者」という。個人情報を少しでも取り扱う企業・団体等は個人情報取扱事業者であり，個人情報を取り扱うに当たっては，利用目的をできる限り具体的に特定しなければならないなど，個人情報の「取得および利用」「提供」「管理」「開示等」にわたって，注意すべき義務が法律に定められている。

　また，個人情報のうちでも，本人の人種，信条，社会的身分，病歴，犯罪の経歴などは，「要配慮個人情報」といわれ，取得や第三者提供に，原則として本人の同意が必要とされている。

　このように「個人情報」は，プライバシーの権利として保護される要件を充たす必要がないので，プライバシーよりははるかに広い範囲で保護されることになる。

042 UNIT❷　憲法ナビ

◇さらに考えてみよう◇

❶　街中や建物内に設置されている防犯カメラでの撮影は，プライバシー権の侵害にならないだろうか。

❷　スマートフォンの中に保存されている，メール，写真，住所録，スケジュール，ネット閲覧履歴などは，使い方次第で，Googleなどが運用するクラウドにも保存されている。スマートフォンをなくしても，すぐに復元できる便利なサービスである。しかし，個人のプライバシー情報が，知らないうちにGoogleに管理されているという状態について，どう考えればよいだろうか。（「同意」のボタンを押したかもしれないが，これが何を意味しているか理解した上で押したものではない。）

❸　企業が顧客から提供された顧客データが，外部へ漏えいした。どのような問題が生じるだろうか。

△△△△△

♪Theme−6　憲法は差別問題について
どう考えているか

♪**Key words**　差別/法の下の平等/LGBTI

☆**Case**

　働き始めて３年目の鶴太郎、毎日充実した日々を送っていた。ある時、上司のK部長と新人男性Mのやりとりが耳に入ってきた。

　K部長は、Mに、「M君、君は能力もあるのだからもっと頑張れよ。"オトコ"らしくピリッとしたところを出してみろよ。なっ、"オトコ"らしくだよ！」と言って、Mくんの肩をたたいた。

　鶴太郎にとって、K部長の「"オトコ"らしく」は、激励だった。

　ところが、Mの反応は、「K部長、仕事と"オトコ"らしさは関係ないじゃないですか？仕事はもっと頑張りますから、"オトコ"らしさの押し付けをしないでください。」と反論した。

　鶴太郎は、意外な気持ちで、K部長とMのやりとりを見ていたが、後日、M君は、MtF*であることが判明した。

　*MtF：Male to Female 生物学的性別が男性で性別に関する認識が女性である人。

§1 ── 様々な差別と法の対応

　☆**Case**のように，Mに対し男らしさを強制することは，M自身を苦しめる。だからといって，Mが自分の性別に関する認識をK部長に伝え，理解を求めればよいのか。これも強制できないだろう。

　性別による区分は，例えば男女の制服など，現代社会では広く行われている。しかし，なぜそうするのかを問うてみても，納得できる答は聞かれない。合理性が認められることは少ないのではなかろうか。それにもかかわらず，これを強制すれば，性別による差別の問題になる。

044 UNIT ❷ 憲法ナビ

　ところで，日本国憲法は，「法の下の平等」を基本原理として掲げる。少なくとも日本国憲法の下では，差別が存在すれば，それは正されるべきである。

◆憲法14条
　すべて国民は，法の下に平等であつて，人種，信条，性別，社会的身分又は門地により，政治的，経済的又は社会的関係において，差別されない。
　2　華族その他の貴族の制度は，これを認めない。
　3　栄誉，勲章その他の栄典の授与は，いかなる特権も伴はない。栄典の授与は，現にこれを有し，又は将来これを受ける者の一代に限り，その効力を有する。

　例えば，社会的身分（「生まれ」により決まる属性）による差別の問題は，私たちに深刻な問題を提起することがある。
　近時最高裁が取り上げた事例として，日本人の父とフィリピン人の母を持つ子（JFC：Japanese Filipino Children）で，両親が婚姻関係になく，母のもとで育った子の日本国籍取得の問題がある。これについて，従前は，父母の婚姻により嫡出子たる身分を取得した場合に限って日本国籍の取得が認められており，そのため出生した後に父から認知されたにとどまる子との間に日本国籍の取得に関して差別があり，憲法第14条に違反するとされた（最大判平成20・6・4民集62巻6号1367頁）。これをきっかけに，平成20年12月12日，国籍法が改正され（平成21年1月1日施行），これにより出生後に日本人の父に認知されておれば，父母が結婚していない場合も届出によって日本の国籍を取得することができるようなった。

◆改正前国籍法3条（準正による国籍の取得）
　父母の婚姻及びその認知により嫡出子たる身分を取得した子で20歳未満のもの（日本国民であつた者を除く。）は，認知をした父又は母が子の出生の時に日本国民であつた場合において，その父又は母が現に日本国民であるとき，又はその死亡の時に日本国民であつたときは，法務大臣に届け出ることによつて，日本の国籍を取得することができる。
　2　前項の規定による届出をした者は，その届出の時に日本の国籍を取得する。
◆改正後国籍法3条（認知された子の国籍の取得）
　父又は母が認知した子で20歳未満のもの（日本国民であつた者を除く。）は，認知をした父又は母が子の出生の時に日本国民であつた場合において，その父又は母が現に日本国民であるとき，又はその死亡の時に日本国民であつたときは，法務大臣に届け出ることによつて，日本の国籍を取得することができる。
　2　前項の規定による届出をした者は，その届出の時に日本の国籍を取得する。

Theme—6　憲法は差別問題についてどう考えているか　045

　また，嫡出子と嫡出でない子（法律上の婚姻関係にない男女間において生まれた子。認知によって初めてその父子関係が生ずる）の法定相続分が区別され，嫡出でない子の相続分を嫡出子の相続分の2分の1とする改正前民法の規定は，憲法14条に違反するとした最高裁決定がある（最大決平成25・9・4民集67巻6号1320頁）。これを受け，平成25年12月，嫡出でない子の法定相続分を嫡出子の法定相続分と同等にする民法の改正（同月11日公布・施行）が行われ，嫡出子と嫡出でない子の法定相続分を区別するといった差別的な状況は改められた。
　相続のルールについては，**Theme12**も参照。

✐Topic6・1　「嫡出ではない子」の法定相続分

改正前の民法では，嫡出子と嫡出でない子の法定相続分は，900条4号に規定されていた。

◆改正前民法900条（法定相続分）
　同順位の相続人が数人あるときは，その相続分は，次の各号の定めるところによる。
　一　子及び配偶者が相続人であるときは，子の相続分及び配偶者の相続分は，各2分の1とする。
　二　配偶者及び直系尊属が相続人であるときは，配偶者の相続分は，3分の2とし，直系尊属の相続分は，3分の1とする。
　三　配偶者及び兄弟姉妹が相続人であるときは，配偶者の相続分は，4分の3とし，兄弟姉妹の相続分は，4分の1とする。
　四　子，直系尊属又は兄弟姉妹が数人あるときは，各自の相続分は，相等しいものとする。ただし，嫡出でない子の相続分は，嫡出である子の相続分の2分の1とし，父母の一方のみを同じくする兄弟姉妹の相続分は，父母の双方を同じくする兄弟姉妹の相続分の2分の1とする。

　最高裁は，平成25年9月4日大法廷決定において，「本件規定は憲法14条1項に違反していたものというべきである」という結論をとった。その理由は次のとおりである。
　「相続制度は，被相続人の財産を誰に，どのように承継させるかを定めるものであるが，相続制度を定めるに当たっては，それぞれの国の伝統，社会事情，国民感情なども考慮されなければならない。さらに，現在の相続制度は，家族というものをどのように考えるかということと密接に関係しているのであって，その国における婚姻ないし親子関係に対する規律，国民の意識等を離れてこれを定めることはできない。これらを総合的に考慮した上で，相続制度をどのように定めるかは，立法府の合理的な裁量判断に委ねられているものというべきである。この事件で問われているのは，このようにして定められた相続制度全体のうち，本件規定により嫡出子と嫡出でない子との間で生ずる法定相続分に関する区別が，合理的理由のない差別的取扱いに当たるか否かということであり，立法府に与えられた上記のような裁量権を考慮しても，そのような区別をすることに合

理的な根拠が認められない場合には，当該区別は，憲法14条1項に違反するものと解するのが相当である。」

「昭和22年民法改正時から現在に至るまでの間の社会の動向，我が国における家族形態の多様化やこれに伴う国民の意識の変化，諸外国の立法のすう勢及び我が国が批准した条約の内容とこれに基づき設置された委員会からの指摘，嫡出子と嫡出でない子の区別に関わる法制等の変化，更にはこれまでの当審判例における度重なる問題の指摘等を総合的に考察すれば，家族という共同体の中における個人の尊重がより明確に認識されてきたことは明らかであるといえる。そして，法律婚という制度自体は我が国に定着しているとしても，上記のような認識の変化に伴い，上記制度の下で父母が婚姻関係になかったという，子にとっては自ら選択ないし修正する余地のない事柄を理由としてその子に不利益を及ぼすことは許されず，子を個人として尊重し，その権利を保障すべきであるという考えが確立されてきているものということができる。」

§2 ── 平等の意義

憲法14条1項は，「すべて国民は，法の下に平等」であって，あらゆる差別は認めない。アメリカ独立宣言，フランスの人権宣言などに盛り込まれた近代憲法の基本原理は，わが国の憲法においても取り込まれている。この趣旨に基づき，具体的なルールが，国家公務員法，地方公務員法，教育基本法，男女雇用機会均等法などの法律でそれぞれ定められている。最近のものとして，平成28年4月1日から施行された「障害者差別解消法」がある。

◆国家公務員法27条（平等取扱の原則）
　すべて国民は，この法律の適用について，平等に取り扱われ，人種，信条，性別，社会的身分，門地又は第38条第5号に規定する場合を除くの外政治的意見若しくは政治的所属関係によつて，差別されてはならない。
◆教育基本法4条（教育の機会均等）
　すべて国民は，ひとしく，その能力に応じた教育を受ける機会を与えられなければならず，人種，信条，性別，社会的身分，経済的地位又は門地によって，教育上差別されない。
　2　国及び地方公共団体は，障害のある者が，その障害の状態に応じ，十分な教育を受けられるよう，教育上必要な支援を講じなければならない。
　3　国及び地方公共団体は，能力があるにもかかわらず，経済的理由によって修学が困難な者に対して，奨学の措置を講じなければならない。

cf. 内閣府・障害を理由とする差別の解消の推進
http://www8.cao.go.jp/shougai/suishin/sabekai.html

　以上のように，憲法14条１項は差別を禁止するが，合理的な差別まで禁止する趣旨ではない。不合理な差別がされている場合に平等原則違反になるのである。問題はその合理性である。これが争われた裁判事件として，古くは，尊属殺人を普通殺人より重く罰する刑法第200条（1995年削除）の規定を違憲としたものがある。また，近時は，衆参両議院について各選挙区の議員定数配分に関する公職選挙法の規定について，選挙区によって格差がありすぎるのではないかとする問題が議論されている。

✐Topic6·2　刑法の尊属殺重罰規定を違憲とした判例

　最大判昭和48・4・4刑集27巻３号265頁は，尊属の殺害は，通常の殺人に比して一般に高度の社会的道義的非難を受けて然るべきであるが，旧刑法200条は，尊属殺の法定刑を死刑または無期懲役刑のみに限っている点で，普通殺に関する刑法199条の法定刑に比し著しく不合理な差別的取扱いをするものと認められ，憲法14条1項に違反して無効である，とする。その理由は次のとおりである。
① 「尊属の殺害は通常の殺人に比して一般に高度の社会的道義的非難を受けて然るべきであるとして，このことをその処罰に反映させても，あながち不合理であるとはいえない。そこで，被害者が尊属であることを犯情のひとつとして具体的事件の量刑上重視することは許されるものであるのみならず，さらに進んでこのことを類型化し，法律上，刑の加重要件とする規定を設けても，かかる差別的取扱いをもつてただちに合理的な根拠を欠くものと断ずることはできず，したがつてまた，憲法14条１項に違反するということもできないものと解する。」
② 「しかしながら，刑罰加重の程度いかんによつては，かかる差別の合理性を否定すべき場合がないとはいえない。すなわち，加重の程度が極端であつて，前示のごとき立法目的達成の手段として甚だしく均衡を失し，これを正当化しうべき根拠を見出しえないときは，その差別は著しく不合理なものといわなければならず，かかる規定は憲法14条１項に違反して無効であるとしなければならない。」
③ 「この観点から刑法200条をみるに，同条の法定刑は死刑および無期懲役刑のみであり，普通殺人罪に関する同法199条の法定刑が，死刑，無期懲役刑のほか３年以上の有期懲役刑となつているのと比較して，刑種選択の範囲が極めて重い刑に限られていることは明らかである。」
④ 「もとより，卑属が，責むべきところのない尊属を故なく殺害するがごときは厳重に処罰すべく，いささかも仮借すべきではないが，かかる場合でも普通殺人罪の規定の適用によつてその目的を達することは不可能ではない。その反面，尊属でありながら卑属に対して非道の行為に出で，ついには卑属をして尊属を殺害する事態に立ち至らしめる

048 UNIT❷ 憲法ナビ

事例も見られ，かかる場合，卑属の行為は必ずしも現行法の定める尊属殺の重刑をもつて臨むほどの峻厳な非難には値しないものということができる。」

⑤ 「このようにみてくると，尊属殺の法定刑は，それが死刑または無期懲役刑に限られている点（現行刑法上，これは外患誘致罪を除いて最も重いものである。）においてあまりにも厳しいものというべく，上記のごとき立法目的，すなわち，尊属に対する敬愛や報恩という自然的情愛ないし普遍的倫理の維持尊重の観点のみをもつてしては，これにつき十分納得すべき説明がつきかねるところであり，合理的根拠に基づく差別的取扱いとして正当化することはとうていできない。」

⑥ 「以上のしだいで，刑法200条は，尊属殺の法定刑を死刑または無期懲役刑のみに限つている点において，その立法目的達成のため必要な限度を遥かに超え，普通殺に関する刑法199条の法定刑に比し著しく不合理な差別的取扱いをするものと認められ，憲法14条1項に違反して無効であるとしなければならず，したがつて，尊属殺にも刑法199条を適用するのほかはない。」

§3 —— 形式的平等と実質的平等

判例の登場と法律の改正を経て，ある種の差別は解消された。しかし，これ

Legal tips 6. 1 憲法の私人間効力の問題

憲法は「法の下の平等」を保障するが，これは，公権力と私人の関係においてであり，私人間においては適用されないものとする考え方がある。私人間の関係は，契約の自由など，その自治に委ねて，憲法はそこに介入しないという伝統的な立場である。

ところが，現代では，大企業とそこに雇用されている労働者の関係など，憲法の保障する人権の侵害が問題になることがある。この場合，憲法の規定を直接適用すべきとする考え方（直接適用説）もあるが，判例は，この考え方をとっていない。私人間の関係を規律しているのは，民法その他の法律であり，これを活用して，そこに憲法の人権保障の規定を読み込む形で，憲法を適用するという間接適用説が支配的である。

例えば，人権の侵害に対しては，民法709条の「権利侵害」の要件を充たすこととして損害賠償の対象とし，また，人権の侵害となる契約等については，民法90条の「公序良俗違反」にあたるとして無効にするなどの工夫がされている。民法の一般規定が活用されているのである。

なお，個別の法律規定によって，差別が禁止されている場合があることは，前述のとおりであるが，これらは，いうまでもなく各法律の適用される場面に限定される。そこから外れるときは，民法の一般規定が用いられるのである。

で十分だろうか。人を人として同じに扱えというだけでは、「形式的平等」（機会の平等）が確保されたにすぎない。これに留まらず、さらに平等実現のための積極的な措置をとること、例えば、所得に応じて税率を上げる累進課税制度など、「実質的平等」（結果の平等）の確保が重要である。

　そのような取組として有名なものに、アメリカ合衆国の「アファーマティヴ・アクション」がある。長年にわたって差別を受けてきた黒人をはじめとする少数人種諸集団に対して、経済的・社会的地位の改善、向上を目的に、差別是正のための積極的な措置を行うことである。実質的平等を図るためではあるが、かえって是正措置が行き過ぎると逆差別が問題になる。

　また、形式的平等だけが確保されていても十分ではない場合として、「間接差別」が問題になることがある。労働者の募集または採用に当たって、労働者の身長、体重または体力を要件とする場合などである。すでに男女雇用機会均等法7条において、「実質的に性別を理由とする差別となるおそれがある措置として厚生労働省令で定めるもの」は禁止されている。

cf. 厚生労働省・間接差別となり得る措置の範囲の見直し・平成26年7月1日施行
http://www.mhlw.go.jp/stf/houdou/0000033232.html

§4 —— 性差別をめぐるいくつかの問題

　差別・平等の問題は、とくに性差別をめぐって社会問題化することが多い。
　古典的な事例として、男女の定年年齢に5歳の差を設けている就業規則は、もっぱら女子であることのみを理由とした不合理な差別を定めたものであるとした、日産自動車女子若年定年制事件（最判昭和56・3・24民集35巻2号300頁）がある。
　一方、男子が差別されているとして問題になった事例もある。外見の問題である。業務上の災害によって顔に火傷を負った男子が、その後遺障害についての労災給付について、女子であれば1年につき給付基礎日額の131日分の障害補償年金が支給されるのに対し、男子では給付基礎日額の156日分の障害補償一時金しか支給されないという差があるのは合理性がないのではないかという

050 UNIT❷ 憲法ナビ

ものである（京都地判平成22・5・27判時2093号72頁）。

　最近の同様の事例として，労災で妻が亡くなった場合の遺族補償給付について，妻の死亡時点で男性が51歳だったため，受給要件の55歳に達していないとして支給されなかったのに対して，最高裁は，そのような区別に合理性があるとする（最三小判平成29・3・21裁判所Web裁判例情報）。

Topic6·3　遺族補償給付の男女差

　民間の労働者や公務員が業務上の災害で死亡した場合，一定の遺族に対して保険給付がされる。遺族補償年金と遺族補償一時金の２種類がある。遺族補償年金の受給資格者は，夫を亡くした妻の場合，年齢に関係なく，家族の数に応じて，給付基礎日額に法所定の日数を乗じた額が支給される。妻を亡くした夫の場合は，55歳以上でないと支給の対象外とされ，一時金だけ受け取ることになる。この区別に関して，最高裁は，次のように説く。

　「地方公務員災害補償法の定める遺族補償年金制度は，憲法25条の趣旨を実現するために設けられた社会保障の性格を有する制度というべきところ，その受給の要件を定める地方公務員災害補償法32条１項ただし書の規定は，妻以外の遺族について一定の年齢に達していることを受給の要件としているが，男女間における生産年齢人口に占める労働力人口の割合の違い，平均的な賃金額の格差及び一般的な雇用形態の違い等からうかがえる妻の置かれている社会的状況に鑑み，妻について一定の年齢に達していることを受給の要件としないことは，上告人に対する不支給処分が行われた当時においても合理的な理由を欠くものということはできない。」

　なお，最近，意識されはじめた問題として，LGBTIなど，いわゆる「性的マイノリティ」の権利をめぐる問題がある。冒頭の☆*Case*もそのひとつである。

　とくに，職場における性的マイノリティの比率は８％とされ，その多くが可視化されないまま，差別や困難にさらされている，といわれている。日本学術会議・法学委員会・社会と教育におけるLGBTIの権利保障分科会は，2017年9月の提言において，性的マイノリティが働きやすい職場環境を整備するためには，法律を整備し，ガイドラインを策定する必要があるとする。

　周囲の理解が十分得られないまま，当事者が様々なハラスメントや不当な取扱いを受けることが現実に起こっており，これに対する制度整備等が要請されている，現代社会の差別問題である。

Theme—6 憲法は差別問題についてどう考えているか *051*

cf. 日本学術会議提言「性的マイノリティの権利保障をめざして——婚姻・教育・労働を中心に——」

http://www.scj.go.jp/ja/info/kohyo/pdf/kohyo-23-t251-4.pdf

◇**考えてみよう**◇ ─────

❶ 　憲法14条1項は，「人種，信条，性別，社会的身分又は門地」による差別を禁止する。それぞれ差別が禁止される場合の具体例として何があるか。また，これら以外の差別，例えば，年齢による差別は許されるだろうか。

❷ 　平成28年4月1日から施行された障害者差別解消法は，障害を理由とする差別の解消をどういった方法で行おうとしているだろうか。

❸ 　日本学術会議提言「性的マイノリティの権利保障をめざして─婚姻・教育・労働を中心に─」を読み，☆*Case*のMくんが受けた差別とその是正について考えてみよう。

▷ ▶UNIT❸　民事法ナビ

the Guide to Civil Law

♪ Theme—7　　民法の適用は年齢によって区別されるか

♪ Theme—8　　契約は守らなければならないか

♪ Theme—9　　子どもの遊びが原因の事故でも
　　　　　　　　損害賠償請求に応じなければならないか

♪ Theme—10　お父さんと呼べるのはなぜ

♪ Theme—11　夫婦は同一姓を名乗らなければならないか

♪ Theme—12　相続のルールはなぜ必要なの

△△△△△

♪Theme—7　民法の適用は年齢によって区別されるか

♪Key words　成年年齢/未成年者取消権

☆*Case*

　桜の木の下で授業の合間の癒やしの時間を楽しんでいる、高校３年生の鶴太郎と映見。早生まれの映見には選挙権がなかったが、遅生まれの鶴太郎は１８歳になっており、初めて市会議員選挙の投票に行った。

　鶴太郎の話では、最近、街頭で、きれいなお姉さんから「英会話教材」の購入を勧誘され、事務所についていくと、こわいお兄さん達に囲まれて、やむを得ず、ＯＫの返事をしてしまった。教材の内容を見るとレベルが低く、鶴太郎にとっては不要なもので、はっきり断ればと後悔しているという。

§1 ── 鶴太郎の立場？

　鶴太郎は満18歳，「未成年者」である。

　民法は，満20歳をもって「成年」とし，満20歳未満を「未成年者」とするというシンプルではあるが重要なルールを置いている。成人になる日は，「年齢計算ニ関スル法律」により，出生の日から起算，暦に従って計算して，20年目の誕生日である。成人式の日ではない。

◆民法４条（成年）
　　年齢20歳をもって，成年とする。
◆民法753条（婚姻による成年擬制）
　　未成年者が婚姻をしたときは，これによって成年に達したものとみなす。

✎Topic7・1　年齢による区分

　民法では，大人と子どもの境界を満20歳とする。その根拠はともかくとして，よく知られたルールである。ただし，これは取引ルールのひとつで，一般的に大人と子どもを

056 UNIT**❸** 民事法ナビ

区別する基準として用いられているわけではない。

それぞれの制度や法律の目的に照らして，ふさわしい年齢による規制を行うという考え方が採用されている。いくつか見てみよう。

まず，選挙権である。18歳で大人の扱いをされ，政治社会の責任のある構成員と位置づけられる。2015年の公職選挙法の改正で，「年齢満20年以上」から「年齢満18年以上」に改められた。

飲酒・喫煙などは，満20歳未満は禁止されている。民法の成年年齢が満18歳に改められたとしても，このルールは変わらないだろう。健康への影響を考えれば，満18歳で大人扱いするわけにはいかない。公営ギャンブルについて，競馬法等に規定があるが，ギャンブル依存の拡大が懸念されるので，同じような扱いになるものと思われる。

少年法では，満20歳未満を少年とし，少年の刑事事件については特別の措置が講じられている。少年の行った行為を処罰するだけではなく，将来に向けた少年の改善教育を図る必要があるからである。成年年齢を20歳から18歳に引き下げる民法の改正と合わせ，少年法も2021年5月に改正され，18・19歳の者を「特定少年」とし，これらの者について刑事裁判にかける対象犯罪を拡大し，起訴されれば実名での報道も可能とされた（2022年4月から施行）。

その他，年齢によるルールの区分はたくさんある。成年年齢の引き下げに伴い変更されるもの，されないものがあると思われるが，現状がどうなっているかについては，次の参考資料が役に立つ。

cf.「各種法令による子供・若者の年齢区分─令和3年版子供・若者白書参考資料8」
https://www.8.cao.go.jp/youth/whitepaper/r03honpen/sanko_08.html

✐Topic7・2　婚姻（結婚）てきる年齢

婚姻できる年齢（婚姻年齢）は，成年年齢とは一緒にしなければいけないという理由はない。未成年者であっても，父母の同意があれば婚姻できる。ただし，男性は満18歳，女性は満16歳に達していなければならない。これを「婚姻適齢」という。経済的にも精神的にも準備が不十分な若い人が子どもを産んで，健全な家庭を築くことは難しいし，また，子どものためにもならないなど，早すぎる結婚による弊害を避けることを目的とする。民法が規定する婚姻ルールである。

しかし，男女で年齢差については，立法当時に，医科大学の意見を聞いて設けたそうであるが，今や合理的な説明は難しい。むしろ最近は，女性のほうが早く結婚してもかまわないというのは，性別役割分業意識に基づく男女差別ではないかということが問題視されている。

そこで，婚姻年齢に男女間で年齢差があるのは男女平等に反するとして，1996年に作られた民法改正案要綱では，男女ともに18歳とされた。しかし，民法改正までには至らず，§3の成年年齢の引き下げと合わせて婚姻年齢についても改正される見込みである。

◆民法731条（婚姻適齢）
　　男は，18歳に，女は，16歳にならなければ，婚姻をすることができない。

> ◆民法737条（未成年者の婚姻についての父母の同意）
>
> 　未成年の子が婚姻をするには，父母の同意を得なければならない。
>
> 2父母の一方が同意しないときは，他の一方の同意だけで足りる。父母の一方が知れないとき，死亡したとき，又はその意思を表示することができないときも，同様とする。

§2 ── 未成年者は不都合な契約を解消できるか？

　☆*Case*の鶴太郎は，英会話教材を購入するという契約を締結させられたわけだが，鶴太郎は18歳の未成年者である。

　未成年者が単独で行った契約（「法律行為」という）は，これを取り消すことができる（「未成年者取消権」という）。本人の勘違いや，だまされたりして，また，脅されて，本人が意図しない契約を締結したとき，錯誤や詐欺・強迫を理由に，その契約を取り消すことができるのと同じように，未成年者の法律行為も，本人などが望めば，なかったことにできる。そのため，これを逆手にとって，未成年者取消権がなくなる満20歳になるタイミングをねらって，「投資用DVD」の勧誘・販売が行われたといった事例が発生している。

　なお，未成年者に対して，取消権が認められるのは，判断能力が十分ではない者を保護しようとするものである。そのため，未成年者が相手をあざむいて成年者であると見せかけ，単独で法律行為をした場合は，取り消すことができない。このような不心得な未成年者を保護する必要がないからである。

◆民法5条（未成年者の法律行為）

　未成年者が法律行為をするには，その法定代理人の同意を得なければならない。ただし，単に権利を得，又は義務を免れる法律行為については，この限りでない。

2　前項の規定に反する法律行為は，取り消すことができる。

3　第一項の規定にかかわらず，法定代理人が目的を定めて処分を許した財産は，その目的の範囲内において，未成年者が自由に処分することができる。目的を定めないで処分を許した財産を処分するときも，同様とする。

◆民法21条（制限行為能力者の詐術）

　制限行為能力者が行為能力者であることを信じさせるため詐術を用いたときは，その行為を取り消すことができない。

058 UNIT❸ 民事法ナビ

✐Topic7・3　未成年者保護制度

　判断能力が十分ではない未成年者を保護するため，不都合な契約を解消する手段が認められているのは，民法の基本原理のひとつ，「私的自治の原則」によるものである。

　私的自治の原則は，個人は，本来，自由であるが，その個人を何らかの義務付けという形で拘束するためには，その個人の意思に基づくものであることが必要という考え方が基本にある。個人は，それぞれの意思に基づいて，経済生活・社会生活を営むことができるが，そこで交わした他人との約束（契約）は，守らなければならず，その結果も自らの責任で引き受けなければならないというのである。

　この考え方を前提にすると，社会を構成する個人が，契約によって権利・義務の主体になるためには，自らの意思により判断し，意思決定ができる者でなければならない。そのような者を，民法では，「意思能力」を有する者とする。

> ◆民法３条の２
> 　法律行為の当事者が意思表示をした時に意思能力を有しなかったときは，その法律行為は，無効とする。

　ただし，取引・契約の都度，１人１人について意思能力の有無を調べて区別することは不可能である。そのため，未成年者のように判断能力が十分でない者をひとくくりにして，保護する制度が設けられている。

　具体的には，未成年者の保護者は法定代理人（親権者）とし，そして，未成年者が契約を締結するには法定代理人の同意を必要とし，もし同意なしに締結した場合には，未成年者本人または法定代理人にその契約の取消権を認めるのを原則とする。

Legal tips 7. 1　「取消し」と「無効」

　未成年者は，取消権を行使することによって，自分にとって不利な契約から逃れることができ，保護される。だまされて契約書にサインしてしまった場合でも，なかったことにできる（例えば，ＡＶ出演契約も）。

　取消権が行使できる期間は制限されている。追認できるときから５年。例えば，未成年者が法定代理人の同意なしに結んだ契約について，未成年者が成年になった（＝追認できる）ときから５年を過ぎるまでである。法定代理人は，未成年者が契約等をしたときから５年以内であれば取り消すことができる。

　取消権を行使することによって，取り消された契約は，最初から無効であったものとして取り扱われる。そうすると，契約によって発生する義務を履行する必要はない。代金などを支払う義務もないし，すでに契約に基づいて支払った代金については返還を求めることができる。

　「取消し」は，取消権を行使することによって最初から無効になる制度であるので，取消権を行使するまでは有効である。この点で，最初から法律行為の効力を認めない「無効」と異なる。

§3 ── 成年年齢の引き下げへ

　2007年5月に,「日本国憲法の改正手続に関する法律」(国民投票法)が成立した。この法律は,憲法の改正にあたって,国民投票が必要とされているが,その手続を定めたものである。国民投票法は,18歳以上の者に投票権を与えることとする。これに伴い,公職選挙法の選挙権の年齢,民法の成年年齢の規定を検討し,必要な措置を講じることが必要と考えられた。

◆**憲法96条**
　　この憲法の改正は,各議院の総議員の3分の2以上の賛成で,国会が,これを発議し,国民に提案してその承認を経なければならない。この承認には,特別の国民投票又は国会の定める選挙の際行はれる投票において,その過半数の賛成を必要とする。
◆**国民投票法3条(投票権)**
　　日本国民で年齢満18年以上の者は,国民投票の投票権を有する。

　このような経緯で,2015年に公職選挙法が改正されたが,民法の成年年齢については,すぐには改正されず,その是非に関して意見のとりまとめが行われていた。

　まず,2009年7月の「法制審議会民法成年年齢部会報告書」である。主要な法律の改正にあたっては,学識経験者を中心に構成された「法制審議会」の審議を経ることになっている。成年年齢についても審議が行われ,最終的なとりまとめがこの報告書であり,議論の出発点になる重要な資料である。報告書が出された前後,この問題について活発な議論がされたが,その後は沈静化していたが,公職選挙法の改正を機に再燃した。そのひとつが,2015年9月の自由民主党政務調査会の「成年年齢に関する提言」である。同提言は,できる限り速やかに20歳から18歳に引き下げる法制上の措置を講じることとし,少年法その他の法律の規定における成年年齢のあり方について提案するものである。

　その後,民法改正の担当官庁である法務省は,2016年9月に,「民法の成年年齢の引下げの施行方法に関する意見募集」を行い,また,内閣府の消費者委員会も,民法の成年年齢が引き下げられた場合に,新たに成年となる18歳,19歳(若年成人)の消費者被害の防止・救済のために必要な「対応策」について

060 UNIT❸　民事法ナビ

検討を行い，2017年1月には「消費者委員会ワーキング・グループ報告書」を
公表した（062頁補注参照）。

cf.「民法成年年齢部会・民法の成年年齢の引下げについての最終報告書」
http://www.moj.go.jp/content/000005078.pdf
cf.「自由民主党政務調査会・成年年齢に関する提言」
http://jimin.ncss.nifty.com/pdf/news/policy/130566_1.pdf
cf.「民法の成年年齢の引下げの施行方法に関する意見募集の結果について」
http://search.e-gov.go.jp/servlet/Public?CLASSNAME=PCMMSTDETAIL&id=3000801
50&Mode=2
cf.「消費者委員会ワーキング・グループ報告書」
http://www.cao.go.jp/consumer/iinkaikouhyou/2017/doc/20170110_seinen_houkoku1.pdf

✎Topic7・4　法制審議会民法成年年齢部会報告書

　まず，民法の成年年齢を18歳に引き下げることについて，「18歳に達した者が，自ら
就労して得た金銭などを，法律上も自らの判断で費消することができるなど社会・経済的
に独立の主体として位置づけられることを意味する」として，その必要性を述べる。
　そして，国民投票年齢，選挙年齢が満18歳になったこととの関連では，「18歳，19歳
の者が政治に参加しているという意識を責任感をもって実感できるようにするためにも，
取引の場面など私法の領域においても自己の判断と責任において自立した活動をするこ
とができるよう，民法の成年年齢を18歳に引き下げるのが適当である」とする。
　こうすることによって，「18歳以上の者を，政治面のみならず，経済活動の場面におい
ても一人前の「大人」として処遇することは，若年者が将来の国づくりの中心であるとい
う国としての強い決意を示すことにつながり，若年者及び社会にとって大きな活力を
もたらすことが期待される」とわが国の未来を展望する。
　ただ，現代の若年者は「大人」としての自覚に欠けていると指摘する一方，民法の成
年年齢を引き下げると消費者被害の拡大など様々な問題が生ずるおそれあるので，「民法
の成年年齢の引下げの法整備を行うには，若年者の自立を促すような施策や消費者被害
の拡大のおそれ等の問題点の解決に資する施策が実現されることが必要である」として，
法律改正の時期は国民の代表である国会の判断に委ねられた。

§4 ── 成年年齢引き下げにあたって私たちは？

　民法成年年齢部会が前記の報告書をとりまとめるにあたって，直接影響を受
ける高校生にも意見を聞いている。

高校生の意見は,「社会を知らないので18歳で急に大人だと言われても困る」などとするものがある一方,「悪い人にだまされないように勉強するなどの十分な準備期間があれば18歳でもよい」というものもある。

民法の成年年齢の引き下げについては,消費者被害が増加するなどとして消極的な意見もあるが,引き下げに向けて具体化が図られつつあるという現状においては,これをどう受け入れていくかという観点がとりわけ重要である。

このような視点に立つのが,「消費者委員会ワーキング・グループ報告書」である。成年年齢を満18歳に改めるにあたって,必要と考えられる措置をとりまとめたもので,今後の対応にあたって参照しなければならないものの1つである。

本報告書は,望ましい対応策として,①若年成人の消費者被害の防止・救済のための制度整備(消費者契約法・特定商取引法の改正など),②処分等の執行の強化(特定商取引法に違反した事業者に対する処分など),③消費者教育の充実,④若年成人に向けた消費者被害対応の充実,⑤事業者の自主的取組の促進,⑥その他(若者団体の活動支援など)を指摘する。法改正など政策運営とともに,18歳・19歳の若年成人である消費者の自立支援も内容になっており,我々としても,これにどう対応していくかが今後1人1人の課題となろう。

✐Topic7・5 消費者委員会

　2009年9月,消費者行政の仕組みは大きく改められた。消費者庁および消費者委員会の創設である。

　消費者庁は,国の消費者行政の司令塔として,消費者事故等に関する情報を一元的に集約し,被害の発生や拡大の防止のために,事業者に対する立入調査や勧告,措置の要求などを行う官庁である。

　消費者委員会は,各種の消費者問題について,自ら調査・審議を行い,消費者庁を含む関係省庁の消費者行政全般に対して意見表明(建議等)を行う。消費者行政はあくまで消費者目線で実施することが要求されているところ,民間人の委員(10人以内)による合議体の組織で,これを行おうとするものである。

　「成年年齢引下げ対応検討ワーキング・グループ報告書」も,このようにして行われる意見表明の1つで,18歳から22歳を「若年成人」と位置づけ,彼らが成熟した成人になることができるよう社会全体で支援していく枠組を作っていくことが提案されており,成年年齢の引き下げが現実化するにあたって,早急に対応すべき課題が明らかにされている。

062 UNIT❸ 民事法ナビ

◇**考えてみよう**◇

❶ 民法の未成年者保護制度の内容と役割について考えてみよう。

❷ なぜ今，成年年齢の引き下げを問題にしなければならないのか考えてみよう。

❸ 平成29年１月消費者委員会成年年齢対応検討ワーキンググループ報告書は，どういった問題意識に基づき，何を提案しているか，考えてみよう。

＊補注）以上の経緯を経て，2018年６月には成年年齢を引き下げる民法改正法が成立し，2022年４月１日から満18歳が成年年齢とされ，若年者の消費者被害を防止するために消費者契約法も改正された（2019年６月施行）。

♪Theme—8　契約は守らなければならないか

♪Key words　契約自由/契約の拘束力

☆Case

　鶴太郎は、アイドルグループ「サ・メデュー」のメンバー白崎朝美のファンであった。ところがあるとき、彼女が男性のファンと恋愛関係にあることが噂されはじめ、そのうち所属事務所から彼女とそのファンとに損害賠償請求訴訟が提起されたことをニュースで知った。噂が嘘であって欲しいと思っていた鶴太郎だったが、ニュースを聞き自分のアイドルが汚された気がしたり、彼女に裏切られた気分になっていた。しかし、その反面、朝美が幸せならばそれはそれで自分も嬉しいし、損害賠償はやり過ぎだとも感じる。

§1 —— 契約と約束

　契約も約束である。では,約束と契約とはどのように違うのか。法律的には,「法的拘束意思」の有無で判断するされる。当事者に,自らがしたその約束に法的に拘束される意思があるかどうか,である。約束を守らない場合に違いが出てくる。たとえば,①京都駅の中央口で14時に待合せをしたが,相手が来なかった。一緒に映画を見る約束だったが,来なかったので一人で見て帰った。②1,000万円の宝石を購入したが,約束の日に引き渡してくれない。すでに頭金として,200万円を支払ってある。

　①と②とを見比べてみれば,裁判所の手を借りて相手に守ることを強制し,違反に対して損害賠償を請求できる約束とできない約束とが存在することがわかる。ここで,実行されないときに法的な手段によって強制される義務を生み出す約束を契約という。②の金額は1,000万円で頭金も200万円としたが,これがたとえば,自動販売機に200円を入れたが,機械の故障でジュースを買えな

かったような場合には、普通は裁判所の手を借りない。しかし、これも契約である。裁判所に行けば、200円を返せという判決はもらえる。これは200円のためにどれだけの手間を掛けられるかという問題であって、裁判所が手を貸してくれないという問題ではない。

§2 ── 契約の種類と重要な諸原則

★1　典型契約と契約自由の原則

　契約には、民法に定められているものとそうでないものがある。民法には、13種類の契約が定められており、これを典型契約という。典型契約には、贈与、売買、交換、消費貸借、使用貸借、賃貸借、雇用、請負、委任、寄託、組合、終身定期金及び和解の各契約がある。世の中で締結される契約には、リース契約やフランチャイズ契約と呼ばれるようなものもある。民法が制定されたのが125年以上前であるから、その後世の中が発展し様々な契約が生れているのである。これらの契約を非典型契約という。なぜこのような非典型契約が生れるのだろうか。もちろん経済活動が行われているからであるが、民法もそういった契約の発生を禁止していないからである。

　民法の重要な原則の1つに「契約自由の原則」がある。契約に関しては国家は関与せず当事者の自由意思に任せるべしとの考え方である。その方が経済活動が活発に行われ、世の中が発展するのである。契約の自由は、4つの自由からなる。①締結の自由、②相手方選択の自由、③内容の自由、そして④方式の自由である。

　①契約はするもしないも自由である。②契約をするとしても誰とするかも自由である。③契約の内容はどのようなものでもかまわない。④契約に際し契約書を作ろうと作るまいと自由である。もちろんこれらは原則であり、例外もある。たとえば、水のような日常生活に欠かせないようなものについては、事業者に締約強制が課せられる（水道法15条1項）。事業者は申し込まれると嫌だと言えない。また、ピストルや麻薬の売買契約は、民法上公序良俗に反し無効である（民法90条）。

　さて、上述のように、民法は典型契約を定めつつも、契約内容は自由である

という立場である。したがって、民法に定められているルールも、当事者が自由に変更することも認めている。このように当事者が民法の定める内容とは異なる内容で合意できるルールを任意規定という。反対に当事者が合意によっても内容を変更できない規定を強行規定という。たとえば、所有権の内容は民法206条に法定されていて変更できないし、婚姻をするためには婚姻届が受理されることが必要である(民法739条)。婚姻届を出さずに婚姻することはできない。では、なぜ民法は任意規定まで定めるのか。当事者が基本的な事項のみを定めれば、後は民法が合理的に定めてくれているので、当事者は契約で様々考える必要はないのである。

★2 意思と信頼

契約を締結するに当たって重要なのは、当事者の意思である。Aが友人BからPCを借りようとするときの当事者の意思を推測するならば、Aは《BのPCならば変なウイルスに感染していないだろうし、借りたい》と思い、Bに「そのPCを貸してくれないか」と意思表示し、Bは《Aならば大事に使ってくれるし、ちゃんと返してくれるだろうから貸してやろう》と思い「どうぞ」といって貸してくれるのである。

契約についてもう一つ重要な要素がある。それは契約の履行についての相手方の信頼である。つまり、契約を守ってくれるだろうと思っているということである。例えば、京都駅前から100番の京都市バスに乗って銀閣寺に行こうとしたら、突然車内アナウンスがあって、「気分が向かず天気も良いので、このバスはこれから嵐山に向かいます」と言われたらどうだろうか。変な例を挙げたが、これを変だと思うのは、みんなが通常契約が守られることを当然の前提として生活しているためである。経済活動は様々な契約に基づいて行われているために、この信頼は大変重要であり、この信頼が失われたならば、社会生活が安心して行えなくなるのである。

このように、契約は守られるだろうと双方が信頼しているために、守らなければならない。しかし、さらに言えば、その契約の根源にある当事者の意思も重要であり、契約を締結した者が自らの自由な意思に基づいて契約したのであるから、守らなければならないのである。この信頼と意思が契約に拘束力をも

066 UNIT❸ 民事法ナビ

たせる重要な根拠なのである。したがって，契約をした理由が相手方から脅されたからとか欺されたからだという場合には，民法は，意思表示の取消しを認めており，契約をしなかったことにできるのである。

★3 定型約款

　契約は通常一対一で締結することが多いと思われる。しかし，一方当事者にとっては，多数の相手方と多数の契約をしていることがある。現代社会においては，多くがそうであろう。すでにバスの例を挙げたが，鉄道でも同様である。関西では契約をする時に，通常値段の交渉が行われ，パソコンなど言い値では買わないのが普通だった。それでは，鉄道に乗る際に，みんなが値切り交渉を始めたらどうだろうか。いつ目的地に着けるのかさえ分らなくなる。この交渉をスムーズに行うためには，駅員を多く配置しなければならず，運賃も値上げを余儀なくされるだろう。そこでこういった不特定多数の者と大量取引を行うために，事業者は，予め契約条項（これを一般に約款と呼ぶ）を用意している。鉄道利用者は，契約交渉の余地を失うが，スムーズに乗り降りすることができる。2020年4月1日に施行される改正民法は，548条の2でこの定型約款について定めている。

　定型約款は，JRであればみどりの窓口に置いてあるはずだが，見たことのある人はわずかだろう。事業者（定型約款準備者）が勝手に作り上げる契約内容なので，利用客（相手方）がその内容を十分に理解しているとは限らない。しかし，定型約款の利用は，大量取引社会においては必要であると考えられている。そこで改正民法548条の2は，定型約款を利用する合意をしたとき，または定型約款準備者があらかじめその定型約款を契約内容とする旨を相手方に表示していたときには，定型約款の個別条項についても合意したものとみなしている。相手方としては，その内容を知らなくても，守らなければならないのが原則である。

　もちろんこのままでは，相手方による契約内容の認識可能性が担保されないため，民法は，契約締結の前後相当期間内であれば，相手方の求めに応じて定型約款の内容を示さなければならないこととしている（548条の3第1項）。

　また，定型約款準備者が勝手に作り上げる契約内容なので，相手方にとって

見れば，納得のいかない内容もあるかもしれない。そこで，一定の限られた分野ではあるが，当該分野を所管する各省庁が標準約款を定め，また，事業者が自ら作成した約款については，監督官庁大臣の認可を要することが定められている（例えば，道路運送法11条）。

★4　恋愛禁止条項に反したアイドルは？

　もうしばらく前のことになるが，恋愛禁止を定めた芸能プロダクションとの専属契約に違反し，男性のファンと交際したことを理由に，芸能プロダクションがアイドルを訴えた事件が2件あった。なお，アイドルはいずれも未成年者であった。この契約条項は守らなければならないだろうか。みなさんにも少し考えてみて欲しい。

　契約違反があっても，損害がなければ訴えられない。芸能プロダクションにも損害はある。まず，アイドルにするために歌やダンスのレッスンをするだろう。メジャーデビューしていなくてもグッズを製作していることはある。そしてCDを作成しているときは，レコーディングに費用が掛っている。第1事件では，グループ自体がこの恋愛事件をきっかけに解散したが，第2事件ではその後も他のメンバーで活動が継続したようである。そこで，第1事件では500万円，第2事件では880万円がアイドルに対して損害賠償として請求された。

　契約違反で損害賠償をする場合，もちろん条項が有効でなければならない。芸能活動をするに当たって，同性も含めて恋愛を禁止することは妥当だろうか。

　アイドルという職業の性質上，「ファンの側に当該アイドルに対する清廉さを求める傾向が強く，アイドルが異性と性的な関係を持ったことが発覚した場合に，アイドルには異性と性的な関係を持ってほしくないと考えるファンが離れ得ることは，世上知られていることである。それゆえ，アイドルをマネージメントする側が，その価値を維持するために，当該アイドルと異性との性的な関係ないしその事実の発覚を避けたいと考えるのは当然といえる」（2事件）。専属契約で異性との性的な関係を持つことを制限する規定を設けることは，プロダクション側にはそれなりの理由があるといえる。そして，アイドルの中には，この理由から契約を遵守している人もいるに違いない。

　他方アイドル側の事情はどうだろうか。「他人に対する感情は人としての本

質の一つであり，恋愛感情もその重要な一つであるから，かかる感情の具体的
現れとしての異性との交際，さらには当該異性と性的な関係を持つことは，自
分の人生を自分らしくより豊かに生きるために大切な自己決定権そのものであ
るといえ，異性との合意に基づく交際（性的な関係を持つことも含む）を妨げら
れることのない自由は，幸福を追求する自由の一内容をなすものと解される」
（2事件）。幸福追求というのは，憲法13条の文言であるが，憲法は国家と国民
の関係に妥当するものであり，憲法違反だから恋愛禁止条項は無効だ，という
議論にはならない。

　判断した裁判官は異なるが同じ東京地方裁判所での判決で，第1事件は60万
円超の損害賠償を認め，第2事件は賠償義務なし（事務所の敗訴）と結論づけた。
このことからすると，裁判所はこの恋愛禁止条項だから無効，という判断をし
ているわけではなさそうである。

─── ◇さらに考えてみよう◇ ───

❶ アイドルに課された契約上の恋愛禁止は，今後も維持されるべきだろうか。
　＊参考判例：東京地判平成27・9・18判時2310号126頁（第1事件），東京
　　地判平成28・1・18判タ1438号231頁（第2事件）
❷ 昨日と今日の2日間にあなたがした契約を思い出してみよう。

♪Theme—9 子どもの遊びが原因の事故でも
損害賠償請求に
応じなければならないか

♪**Key words** 責任能力/監督義務者

☆*Case*

　鶴太郎と映見の長男カメオも、小学5年生になる。カメオの通っている小学校では、放課後、校庭を開放していたので、子供たちは、元気いっぱいで、野球・サッカーなどで遊んでいる。カメオはサッカーが大好きで、将来は、Jリーガーが夢であった。この日も、カメオは、校庭の南端に設置されていたゴールネットが張られたゴールに向かって、友達と一緒にフリーキックの練習をしていた。日も暮れてきたので、これを最後にと思い、カメオがゴールに向かって力一杯蹴ったボールが、ゴールネットを越え、道路上に飛び出した。ちょうどそこを原付バイクで通りがかったおじいさんが、ボールを避けようとして転倒し、けがで入院。治療の甲斐なく持病が併発して死亡してしまった。

§1 ── カメオの不法行為責任は？

　Theme1において学んだように，加害者が，被害者の権利・利益の侵害に対して，損害賠償の責め（「不法行為責任」という）を負うのが，「民事責任」の制度であり，「不法行為制度」といわれている。

　☆*Case*において，カメオは不法行為責任を負うことになるのだろうか。

　基本のルールは，民法709条である。民法の中では最もよく使われている条文である。☆*Case*において，カメオが不法行為責任を負うのは，どんな場合か，民法709条に沿って考えてみよう。

①　おじいさんの権利または法律上保護される利益が侵害されたこと

②　カメオの行為について，カメオに故意または過失があったこと

③　②が原因になって①という結果が発生したこと（「因果関係」という）

④　おじいさんに損害が生じたこと

⑤　①と④の因果関係

以上が，具体的な事実をもって，認められれば，不法行為責任が成立する。

しかし，⑥カメオに，「責任能力」がないときは，不法行為責任を負わない（民法712条）。

損害賠償を請求する側，請求される側双方が，①〜⑥の事実の有無を争い，最終的に裁判所で決着がつけられる。

◆民法709条（不法行為による損害賠償）
　故意又は過失によって他人の権利又は法律上保護される利益を侵害した者は，これによって生じた損害を賠償する責任を負う。
◆民法712条（責任能力）
　未成年者は，他人に損害を加えた場合において，自己の行為の責任を弁識するに足りる知能を備えていなかったときは，その行為について賠償の責任を負わない。

①〜⑥のうち，注意しなければならないのは，②の「故意または過失」，⑥の「責任能力」である。責任能力については，✍Topic9・1で触れるので，ここでは，「故意」と「過失」について考えてみよう。

「故意」は，行為をした者が，結果の発生を認容している，という意味である。日常用語とそれほど違いはない。しかし，「過失」は，「ミス」とか「不注意」のことではない。

「過失」は，平均的な人を基準にして，行為時において，結果の発生の具体的危険があり，かつ，これに対する予見可能性があるのに，結果の発生を避けるために必要な行為しなかったことである。結果発生の予見可能性が問題にされることがポイントである。また，単に可能性の有無だけを問題にするのではなく，予見義務の有無も確認のうえ，予見可能性を検討することがある（予見義務——情報収集義務・調査研究義務など——を尽くしておれば，現実に予見可能であるはずのことが多いと思われる）。

Theme—9　子どもの遊びが原因の事故でも損害賠償請求に応じなければならないか　071

✐Topic9・1　責任能力

　刑法・民法では，それぞれ刑事責任を負わせる能力，民事責任（不法行為責任）を負わせる能力について，「責任能力」という言葉を使っている。

　刑法41条は，「14歳に満たない者の行為は，罰しない」と規定し，刑事責任は14歳未満の者に科されることはないという明確な規定が置かれている。

　これに対し，民法712条では，不法行為責任を負わされる能力について，「自己の行為の責任を弁識するに足りる知能」と規定するのみで，特定の年齢で区切ることをしていない。責任能力があるのは，法律上の責任を弁識するに足るべき知能が認められる場合であり，これは一般に，道徳的な善悪の判断能力よりはいくらか高いものが求められるようである。事案に応じて具体的に判断されることになるが，12歳あたりが一応の基準になると考えるのが判例である。

§2 ── 子の責任は親の責任か？

　カメオに，「責任能力」がなかったときは，カメオについて①〜⑤の要件が満たされたとしても，不法行為責任を負わない。

　そうすると，被害者は泣き寝入りをするほかないのだろうか。

　常識的には，親が代わって責任を負うべきということになる。民法においても，責任無能力者を監督する義務を負っている者（監督義務者）およびこれに代わって責任無能力者を監督する者（代理監督者）が不法行為責任を負うというルールがある。未成年者の親権者は監督義務者であるので，常識的な考え方と合致する。また，代理監督者も同様である。学校の先生などがこれにあたる。

　◆民法714条（責任無能力者の監督義務者等の責任）
　　前二条の規定により責任無能力者がその責任を負わない場合において，その責任無能力者を監督する法定の義務を負う者は，その責任無能力者が第三者に加えた損害を賠償する責任を負う。ただし，監督義務者がその義務を怠らなかったとき，又はその義務を怠らなくても損害が生ずべきであったときは，この限りでない。
　　2　監督義務者に代わって責任無能力者を監督する者も，前項の責任を負う。
　◆民法818条（親権者）
　　成年に達しない子は，父母の親権に服する。
　　2　子が養子であるときは，養親の親権に服する。
　　3　親権は，父母の婚姻中は，父母が共同して行う。ただし，父母の一方が親権を行うことができないときは，他の一方が行う。

072 UNIT❸　民事法ナビ

✒Topic9・2　監督義務者の損害賠償責任

　　監督義務者の責任は，責任無能力者に代わって負うものなのだろうか。そうではなく，監督義務者自身の過失に基づき，監督義務者が負う損害賠償責任とするのが，一般の考え方である。

　　監督義務者に対して責任を追求するためには，監督義務者の過失を要し，これは監督義務の違反を意味する。監督義務は，前に述べた「過失」の前提になる結果回避義務とそれほど変わらないものであるが，監督者と監督を受けるものの関係（いわゆる親子関係）を考え，生活全般にわたるしつけなど包括的な監督義務を含むものであることが特徴的である。

　　監督義務者の責任が問題になったときは，監督義務者は，監督義務者がその監督義務を怠らなかったこと，また，監督義務を怠らなくても損害が生じていたこと等を主張して，これが認められれば損害賠償責任を免れることができる。しかし，一般的には，免責が認められた事例はきわめて少数であり，免責は不可能に近いといわれている。

§3 ── 親が責任を免れる場合？

　責任能力のない未成年者の不法行為について，監督義務者が監督義務を怠らなかったといえる場合は，責任を免れることができる。

　問題は，監督義務者が監督義務を怠らなかったといえる場合とは，具体的にどのような場合を指すかである。これについて，最近の重要判例として次のものがある（最判平成27・4・9民集69巻3号455頁）。

　この判決が扱ったのは次の事件である。

　A（当時11歳）は，2004年2月当時，愛媛県所在の小学校に通学していた児童である。この小学校では，放課後，児童らに校庭を開放しており，この校庭の南端近くには，ゴールネットが張られたサッカーゴールが設置されていた。このゴールの後方約10mの場所には南門があり，南門の左右にはネットフェンスが設置され，これらの高さは約1.2〜1.3mであった。また，校庭の南側には幅約1.8mの側溝を隔てて道路があり，南門との間には橋が架けられていた。Aは，同月25日の放課後，校庭で友人らと共にサッカーのフリーキックの練習をし，ゴールに向かってボールを蹴ったところ，ボールは南門を越え，道路上に転がり出た。そして，折から自動二輪車を運転して道路を進行してきたB（当時85歳）がボールを避けようとして転倒して負傷し，これが原因となって，2005年7月，

Theme—9 子どもの遊びが原因の事故でも損害賠償請求に応じなければならないか 073

誤嚥性肺炎により死亡した。

Bの遺族からAの両親に対して損害賠償請求がされた。Aの両親は、こんな場所でサッカーボールをけらないように指導する監督義務があり、これを怠ったといえるかが問題になり、最高裁は、監督義務を怠ったとまではいえないと判断し、両親の免責を認めた。

✐Topic9・3　監督義務者の免責

　本文の最高裁判決が、親権者である監督義務者の免責を認めた理由は次のとおりである。

①　満11歳の男子児童であるAがゴールに向けてサッカーボールを蹴ったことは、ボールが道路に転がり出る可能性があり、道路を通行する第三者との関係では危険性を有する行為であったということができるものではあるが、Aは、友人らと共に、放課後、児童らのために開放されていた校庭において、使用可能な状態で設置されていたゴールに向けてフリーキックの練習をしていたのであり、このようなAの行為自体は、ゴールの後方に道路があることを考慮に入れても、校庭の日常的な使用方法として通常の行為である。

②　ゴールにはゴールネットが張られ、その後方約10mの場所には校庭の南端に沿って南門及びネットフェンスが設置され、これらと道路との間には幅約1.8mの側溝があったのであり、ゴールに向けてボールを蹴ったとしても、ボールが道路上に出ることが常態であったものとはみられない。

③　本件事故は、Aがゴールに向けてサッカーボールを蹴ったところ、ボールが南門の門扉の上を越えて南門の前に架けられた橋の上を転がり、道路上に出たことにより、折から同所を進行していたB（被害者）がこれを避けようとして生じたものであって、Aが、殊更に道路に向けてボールを蹴ったなどの事情もうかがわれない。

④　責任能力のない未成年者の親権者は、その直接的な監視下にない子の行動について、人身に危険が及ばないよう注意して行動するよう日頃から指導監督する義務があると解されるが、ゴールに向けたフリーキックの練習は、上記各事実に照らすと、通常は人身に危険が及ぶような行為であるとはいえない。

⑤　親権者の直接的な監視下にない子の行動についての日頃の指導監督は、ある程度一般的なものとならざるを得ないから、通常は人身に危険が及ぶものとはみられない行為によってたまたま人身に損害を生じさせた場合は、当該行為について具体的に予見可能であるなど特別の事情が認められない限り、子に対する監督義務を尽くしていなかったとすべきではない。

⑥　Aの父母らは、危険な行為に及ばないよう日頃からAに通常のしつけをしていたというのであり、Aの本件における行為について具体的に予見可能であったなどの特別の事情があったこともうかがわれない。

074 UNIT❸ 民事法ナビ

§4 ── 認知症高齢者の不法行為は？

　認知症高齢者が、「精神上の障害により自己の行為の責任を弁識する能力を欠く状態にある間に他人に損害を加えた者」であるとき、その者は自己の行為の責任を弁識するに足りる知能を備えていない未成年者と同様、責任無能力者である。

　不法行為責任を負わないこととされ、その代わり、「法定監督義務者」が損害賠償責任を負うのも、未成年者の場合と同様である。そうすると、同じように、認知症高齢者の不法行為と監督義務者の免責が問題になる。

◆**民法713条（責任能力）**
　精神上の障害により自己の行為の責任を弁識する能力を欠く状態にある間に他人に損害を加えた者は、その賠償の責任を負わない。ただし、故意又は過失によって一時的にその状態を招いたときは、この限りでない。

Legal tips 9.1 「判断能力」の判断

　Theme-7に出てきた「意思能力」もそうであるが、「責任能力」についても、その有無を判断することが要求される場合がある。年齢によって判断する場合は比較的容易であるが、認知症高齢者については、その「判断能力」自体を判断することになり、やっかいである。

　個別事情をどう考慮するかが問題になるが、最判平成28・3・1の第一審裁判所は、①「平成15年頃に既に記憶障害、時間の見当識障害、場所の見当識障害のみならず人物の見当識障害までが出現していた上、本件当時までには、家人が気付かない間に外出して行方不明になったり、トイレの場所が把握できずに所構わず排尿してしまったりする状態であったのであるから、本件事故当時におけるＡの認知症の程度は重いものであった」、②「介護保険における要介護認定においても、平成14年8月においては要介護1であったが、同年11月には要介護2に変更され、平成19年2月には要介護4の認定を受け、一次判定結果においても、日常生活に支障を来すような症状・行動や意思疎通の困難さが頻繁に見られ、常に介護を必要とする状態で、場所の理解もできないなどと判定されている」、③「主治医が、アルツハイマー型認知症により、Ｃの意思決定能力及び意思伝達能力が欠如しているなどと診断していること」等の事実を踏まえ、責任無能力者と判断しており、参考になる。

Theme—9　子どもの遊びが原因の事故でも損害賠償請求に応じなければならないか　075

◆民法714条（責任無能力者の監督義務者等の責任）
　　前二条の規定により責任無能力者がその責任を負わない場合において，その責任無能力者を監督する法定の義務を負う者は，その責任無能力者が第三者に加えた損害を賠償する責任を負う。ただし，監督義務者がその義務を怠らなかったとき，又はその義務を怠らなくても損害が生ずべきであったときは，この限りでない。
　2　監督義務者に代わって責任無能力者を監督する者も，前項の責任を負う。

　これについても，最近の重要判例として次のものがある（最判平成28・3・1民集70巻3号681頁）。

　この判決の事件は，2007年12月7日，重度の認知症であるC（男性・当時91歳）が1人で外出し，東海道本線共和駅（愛知県）にある無施錠のホーム側フェンス扉を通り抜けて線路に下り，走行してきた列車にはねられて死亡したというものである。Cの介護は，同居の妻D（85歳）とC・Dの長男E（65歳）の妻Fが，近所に移り住み行っていた。また，Cには徘徊癖があり，そのため，自宅玄関付近にセンサー付きチャイムを設置し，Cがその付近を通るとDの枕元でチャイムが鳴ることで，Dが就寝中でもCが自宅玄関に近づいたことを把握することができたが，以前から事務所出入口にセンサー付きチャイムが取り付けられており，事務所のドアの来客用センサーは音が大きくCが落ち着かないなどとして，本件事故当日までその電源は切られたままであった。Cの死亡事故は，Fが家事のためCから目を離し，Dがまどろんでいる間に，Cが1人で外出して起こしたもので，その影響で東海道本線の上下列車合わせて20本に約2時間の遅れが発生した。そこで，JR東海は，この事故により振替輸送等の費用等719万7,740円の損害が発生したので，JR東海がD・Eに対して損害賠償を請求したものである。

　最高裁は，認知症高齢者Cの妻D・長男Eは，いずれも監督義務者ないし監督義務者に準ずべき者にもあたらないとして，損害賠償責任を否定した。

　§3の未成年者の事件とは異なる理由であるが，同じ結論になったのである。

✎Topic9・4　認知症高齢者の妻や子どもの監督義務

　本文の最高裁判例は，この問題について，次のような一般的基準を立てた。
　「その者自身の生活状況や心身の状況などとともに，精神障害者との親族関係の有無・濃淡，同居の有無その他の日常的な接触の程度，精神障害者の財産管理への関与の状況などその者と精神障害者との関わりの実情，精神障害者の心身の状況や日常生活にお

ける問題行動の有無・内容，これらに対応して行われている監護や介護の実態など諸般の事情を総合考慮して，その者が精神障害者を現に監督しているかあるいは監督することが可能かつ容易であるなど衡平の見地からその者に対し精神障害者の行為に係る責任を問うのが相当といえる客観的状況が認められるか否かという観点から判断すべきである。」

　妻Dについては，本件事故当時85歳で左右下肢に麻ひ拘縮があり要介護1の認定を受けており，Cの介護もFの補助を受けて行っていたということからして，Cを監督することが現実的に可能な状況にあったということはできず，その監督義務を引き受けていたとみるべき特段の事情があったとはいえない，とした。

　別居の長男Eについては，横浜市に居住して東京都内で勤務していたもので，本件事故まで20年以上もCと同居しておらず，本件事故直前の時期においても1箇月に3回程度週末にC宅を訪ねていたにすぎないというのであることからすると，Eは，Cの第三者に対する加害行為を防止するためにCを監督することが可能な状況にあったということはできず，その監督を引き受けていたとみるべき特段の事情があったとはいえない，とした。

── ◇考えてみよう◇ ──

❶　加害者およびその監督義務者の損害賠償責任が認められないとき，被害者の救済は考えなくてもよいのだろうか？

❷　サッカーボール事件で，最高裁は，どのような事情を検討して，両親の監督者責任を否定するという結論に至ったか，分析してみよう。

♪Theme—10 **お父さんと呼べるのはなぜ**

♪Key words　嫡出推定/再婚禁止期間

☆**Case**

　映見と鶴太郎が結婚し，程なくして子どもも生まれた。鶴太郎が映見のお腹をさすりながら，「お父ちゃんやで」と話しかけていると，映見はちょっといけずな笑顔を向け，「お父ちゃんかどうかは，わからへんで」という。鶴太郎はそんな映見が大好きで，もちろん自分の子であることに疑いはないが，それでも父とは何かと考えてしまうのである。

---

§1 ── 子が生まれる2つの場面

　父母とは誰かと問われたら，通常は，子を作った男女であって，生みの母と血縁上の父とも表現されるそういった人だと答えるだろう。しかし，実際にその人が誰か，ということになるとその特定は難しい。

　基本的に子は，男女が交わらなければ生まれない。高度に発達した生殖補助医療をいったんおいて，子が生まれるという一連の経過を見れば，父はいわば種をまくだけであるが，母が自らの体を使って受精卵を暖め，胎児を育て，そして，子を出産するのである。現在の法律の実務では，この分娩の事実をもって母を定める。つまり，子を産んだ者が，その子の母である。しかし，残念ながら，出産という事実からは，父が誰なのかは，わからないのである。

　父母は，生まれた直後から，子の世話をし，さまざまなことから守ってやらなければならない（子の監護）。少し大きくなれば教育（学校で教えることだけが教育ではない）も必要になってくる。さらに，次第に財産を持つようになるために，その財産の管理もしなければならない。そういったことは，通常，その

078 UNIT❸ 民事法ナビ

子の両親が行うべきものである。法律もその前提で立法されている。

　しかし，出産という事実から父は判明しないのであるから，なんとか発見しなければならない。そして，発見するために，時間や費用を掛ける余裕はない。近時は，DNA鑑定も比較的身近になってきているし，以前に比して安価になりつつあるようであるが，それでも数万円と1週間程度の日数は係るようである。そこで，民法は，子が生まれる場面を子の父母が婚姻しているかどうかで2つに分けて父の特定方法を定める。

★1　父母の婚姻中に生まれた子

　父母の婚姻中に子が生まれる場面から考えてみたい。婚姻は，法律行為であり，一定の効果を導く。その中に，貞操義務がある。民法では，ある理由から，その義務違反が離婚原因になるという風に，間接的に定められている（770条1項1号）。その貞操義務を課されている夫婦は，配偶者（夫にとっての妻，妻にとっての夫）以外の異性と性的関係を持つことはないはずである。だとすれば，父母の婚姻中に生まれた子の父は，おそらく夫の子だといえそうである。そこで，民法は，次の様に規定している。

> ◆民法772条（嫡出の推定）　妻が婚姻中に懐胎した子は，夫の子と推定する。
> 2　婚姻の成立の日から200日を経過した後又は婚姻の解消若しくは取消しの日から300日以内に生まれた子は，婚姻中に懐胎したものと推定する。

　父性推定は，二重の推定により成り立っている。婚姻による貞操義務を前提として，産まれた子が夫の子であると推定するためには，婚姻した後一定期間

Legal tips 10.1　みなすと推定する

　民法772条は、「夫の子と推定する」と定める。「推定する」というのは、一応そのようにしておくという意味で、夫の子でないことが有り得、その場合には、父としないことができること（嫡出否認）を暗に示している。

　条文上「みなす」という語が用いられることがある。民法753条は未成年者が婚姻すると「成年に達したものとみなす」と定める。これは民法上絶対にそう扱うという意味で使われる。

　「推定する」と「みなす」をはっきり区別して覚えておこう。

が経過して生まれる必要がある。子はすぐに産まれないからである。そこで，正確に言えば，民法は，婚姻後に妻が身ごもった（懐胎）子は夫の子と推定していて，いつ懐胎したのかが不明であるため，その懐胎時期を子の出生から推定するのである。子の出生が婚姻成立の日から200日を経過した後であると婚姻後の懐胎とされ，婚姻の解消または取消しの日から300日以内に出生しても，その解消されまたは取り消された婚姻中に懐胎した子と推定される。

　通常，出産予定日の計算に使われる日数は280日（最後の月経の開始日を0日目として計算）。しかし，受精から出産までを考えると266日程度だそうである。多少早く生まれようと，遅く生まれようとかまわない日数が設定されていることがわかる。

★2　婚姻中に生まれたが夫の子ではない場合

　ほぼ間違いがないということで，夫を法律上の父としているけれども，間違いである場合もある。その場合には，夫に限って，その子が自分の子でないとして，父子関係を切断する手段が与えられている（嫡出否認制度）。すなわち，子またはその親権者である母に対して，嫡出否認の訴えをおこすことによる（民法775条）。この切断は，夫が子の出生を知ったときから1年の間にしなければならず（民法777条），それを過ぎた後に，例えば偶然に血液型から，父子関係のないことがわかったとしても，法律上の父を変更することはできない。また，子や妻の側から否認することは，そもそもできない（民法774条で夫しか認めていない）。

　このように民法は，親子関係について必ずしも血縁だけを重視しているわけではないのである。父が誰かという争いを早々に封じ，確定的に父と定められた者と母とが（第三者によって，誰が父親かという問題で家庭が乱されず）安定した環境の中で，子を育てることを重要視しているのである。

　◆民法**774**条（嫡出の否認）
　　第772条の場合において，夫は，子が嫡出であることを否認することができる。
　◆民法**777**条（嫡出否認の訴えの出訴期間）
　　嫡出否認の訴えは，夫が子の出生を知った時から1年以内に提起しなければならない。

080 UNIT❸ 民事法ナビ

✐Topic10・1 嫡出否認の違憲性

　生まれた子と父子関係を否定する「嫡出否認」を夫だけに認める民法の規定は，男女平等を定めた憲法に違反するとして，女性X₁と長女X₂，孫 X₃X₄が国に計220万円の損害賠償を求めた訴訟の判決が2017年11月に神戸地裁であった。裁判長は「規定は憲法に違反しない」として，Xらの請求を棄却した。

　Xらの代理人弁護士によると，嫡出否認規定の違憲性を争う訴訟は全国で初めて。

　X₁は約30年前に元夫Aの暴力を理由に別居し，離婚成立前に別の男性Bとの間にX₂が生まれた。X₁はBを父とする出生届を出したが，「婚姻中に妊娠した子は夫の子と推定する」とする民法の規定で不受理となった。

　Aに嫡出否認の訴えを起こしてもらうことも検討したが，接触を恐れ断念。X₂・X₃・X₄は昨年まで無戸籍だった。

　訴訟でXらは「妻や子が訴えを起こせれば無戸籍にならなかった」として，国会が民法を改正しなかった立法不作為のため，無戸籍を強いられ精神的苦痛を受けたと主張した。国Yは「父子関係を早期に確定する嫡出推定制度には合理性がある」として請求棄却を求めていた。

　判決は，規定の「合理性」を肯定する一方，配偶者の暴力からの保護を与える法整備などが必要だと指摘し，こうした対策がなければ，仮に妻に嫡出認否の訴えを認めても，行使困難なことがあると考えられると判示した。（しんぶん赤旗WEB版から）

★3　子の本当の父を父とするためには

　以上のように，夫が父親だと推定されている状態で本当の父親が別にいる場合には，父親の推定を破らなければ，本当の父親が子を認知して法律上の父になることはできない（認知については★4参照）。否認権が夫にしかないために，これは容易ではない。

　子の出生届には父親の氏名を書く欄があるが，このようなことから，血縁のある本当の父ではなく，母の法律上の夫の氏名を記入しなければ，出生届は受理されないのである。これが近年大きな問題となった無戸籍の者が現れる原因である。

★4　父母が婚姻していない場合

　父母が婚姻していない場合には，一定の根拠をもって推定することができない。婚姻届を出さないけれども夫婦として暮らしている，いわゆる事実婚の夫婦の場合も，同様である。ここでは父を定めるための手続きが必要となる。

　まず，ある女性が子を出産したとき，子の父から，その子は私の子であると

認めること（認知）ができる（民法779条）。これは，通常，婚姻する場合と同様に届出によって行うが，遺言ですることもできる（民法781条）。その他に，子やその法定代理人としての母などから父に対して認知を請求することができる（強制認知）。強制認知は，裁判上請求しなければならない（民法787条）。

§2 ── 父性推定を裏から支える制度　再婚禁止期間制度

★1　女性の再婚禁止期間

　男性は離婚したその日に再婚することが可能であるが，女性は一定期間再婚を禁止される（民法733条）。女性だけに課されるこの制限について，教科書では一般に，父母が婚姻している場合に父親が誰かが推定されるが，この推定を確実にするために女性にだけ再婚禁止期間が定められている，と説明される。かねてより，この女性にだけ課される制限が法の下の平等（憲法14条1項）に反しないのかが争われてきたが，最大判平成27・12・16民集69巻8号2427頁でこの制度が父性推定に重要であることが再確認されつつも，それまで6ヵ月とされた期間が不当に長すぎて違憲であると判断され，民法が改正された。妥当な期間とはどれだけなのか。

　ある女性AがBと離婚してすぐにCと再婚し，そして婚姻の解消及び成立の日から266日目に子が生まれたとして，その子の父は誰だろうか。Cとの婚姻が成立した日から200日を経過して生まれているが，Bとの婚姻解消から300日以内に生まれているために，父親を決めることができないのである。そこで婚姻成立を100日遅らせることで，この重複を避けるための制度が再婚禁止期間であると説明されている。重複を避けるためなら100日で足るところ，6ヵ月と定めていたのは長すぎると最高裁は判断したのである。

★2　最高裁判決の多数意見

　この事件は，再婚禁止制度により婚姻できなかった人が，精神的苦痛を受けたとして，国に対して損害賠償請求をする形で争われている。ここでは，再婚禁止制度が違憲であるかに関する部分を確認していこう。

　違憲判断は，立法目的が合理的かどうか，その目的のために用いられている

082 UNIT❸　民事法ナビ

手段が合理的かどうかの2段階で行われる。まず1段目の立法目的の合理性について、多数意見は、✐Topic10・2のように述べる。

✐Topic10・2　多数意見：733条の立法目的の合理性

　女性が前婚の解消等の日から間もなく再婚をし、子を出産した場合においては、その子の父が前夫であるか後夫であるかが直ちに定まらない事態が生じ得るのであって、そのために父子関係をめぐる紛争が生ずるとすれば、そのことが子の利益に反するものであることはいうまでもない。

　民法733条2項及び同法773条は、同法733条1項が父性の推定の重複を避けるために規定されたものであることを前提にしたものと解される。

　本件規定の立法目的は、女性の再婚後に生まれた子につき父性の推定の重複を回避し、もって父子関係をめぐる紛争の発生を未然に防ぐことにあると解するのが相当であり（最高裁平成7年12月5日第三小法廷判決参照）、父子関係が早期に明確となることの重要性に鑑みると、このような立法目的には合理性を認めることができる。

　このように、父子関係に関わる紛争を未然に防止するという再婚禁止期間制度の立法目的が確認され、父子関係の早期確定の重要性の点からその合理性が認められている。しかし、周知の通り、近時は、DNA鑑定による親子関係の確認を比較的容易に行うことができる。再婚禁止に代えてDNA鑑定を用いることはできないのかについて、次の様に述べている。なお、この点は、手段としての合理性ではなく、立法目的の合理性に続けて論じられている。

✐Topic10・3　多数意見：科学技術（DNA鑑定）を用いた父子関係の発見に対して

　父子関係の確定を科学的な判定に委ねることとする場合には、父性の推定が重複する期間内に生まれた子は、一定の裁判手続等を経るまで法律上の父が未定の子として取り扱わざるを得ず、その手続を経なければ法律上の父を確定できない状態に置かれることになる。

　生まれてくる子にとって、法律上の父を確定できない状態が一定期間継続することにより種々の影響が生じ得ることを考慮すれば、子の利益の観点から、上記のような法律上の父を確定するための裁判手続等を経るまでもなく、そもそも父性の推定が重複することを回避するための制度を維持することに合理性が認められるというべきである。

　父を定める手続が当事者の申立てによってしか開始しないとすれば、父が定まらないまま、月日が流れることも考えられるが、それは制度設計の問題であろう。しかし、木内裁判官の補足意見は、現行の父を定めることを目的とする

Theme―10　お父さんと呼べるのはなぜ　*083*

訴えでは，法的手続をとらないままにするケースが多数生じると予想している。

　いずれにしても手続にかかる日数，鑑定にかかる日数が必然的に生じ，その間は当然父は定まらない。そこで生じる種々の影響にどのようなものがあるのかは，判決文からは不明である。

　次に，女性だけに対して制限を加えることが合理的かどうかの判断を見てみよう。

✐Topic10・4　多数意見：女性のみに制限をする本件規定の立法目的との関係ての合理性

　夫婦間の子が嫡出子となることは婚姻による重要な効果であるところ，（772条で）嫡出子について出産の時期を起点とする明確で画一的な基準から父性を推定し，父子関係を早期に定めて子の身分関係の法的安定を図る仕組みが設けられた趣旨に鑑みれば，父性の推定の重複を避けるため上記の100日について一律に女性の再婚を制約することは，婚姻及び家族に関する事項について国会に認められる合理的な立法裁量の範囲を超えるものではなく，上記立法目的との関連において合理性を有するものということができる。

★3　再婚禁止制度自体を違憲とする少数意見

　以上の多数意見に対して，鬼丸裁判官と山浦裁判官は，反対を表明し，再婚禁止期間自体が違憲であるとしている（Legal tips11.1）。

　まず，鬼丸裁判官が違憲とする理由は次のとおりである。

✐Topic10・5　鬼丸裁判官：違憲とする理由

　再婚の禁止によって父性の推定の重複を回避する必要があるとされる場合とは，結局，前婚の解消等の時から100日が経過していない女性が前婚中に懐胎したけれども（前婚中に懐胎したか否かが客観的に明らかにされない場合を含む。）まだ出産していない場合というごく例外的な場合に限定されることとなる。

　（それにも拘わらず）文理上は前婚の解消等をした全ての女性に対して一律に再婚禁止期間を設けているように読める民法773条１項の規定を前婚の解消等の後100日以内といえども残しておくことについては，婚姻をするについての自由の重要性や父を定めることを目的とする訴え（民法773条）の規定が類推適用できることに鑑みると，国会の立法裁量を考慮しても疑問である。

　本判決の前提として，近時は，離婚件数が増え，また同様に再婚件数も増加しており，再婚への制約をできる限り少なくするという要請が高まっているとの理解がある。そんな中でも，子の父性推定が重複するような事例はわずかで

あろうから，再婚しようとする女性に対して再婚禁止期間を設定することは，違憲であるというのである。

山浦裁判官はまた違った点から違憲であるという。

✐Topic10・6　山浦裁判官：違憲とする理由

民法773条1項の規定と同旨の規定が導入された旧民法制定当時の法典調査会や帝国議会における政府説明によると，再婚禁止期間の制度は血統の混乱を防止するためであるとされていた。そこでは，男性にとって再婚した女性が産んだ子の生物学上の父が誰かが重要で，前夫の遺胎に気付かず離婚直後の女性と結婚すると，生まれてきた子が自分と血縁がないのにこれを知らずに自分の法律上の子としてしまう場合が生じ得るため，これを避ける（つまりは，血統の混乱を防止する）という生物学的な視点が強く意識されていた。

生物学上の父子関係の有無と法律上のそれとの食い違いをできるだけ避けるということの合理性を否定することはできないから，このような意味においては，血統の混乱を防止するという立法目的もそれなりの合理性を有しているといえるであろう。

ＤＮＡ検査技術の進歩により生物学上の父子関係を科学的かつ客観的に明らかにすることができるようになった段階においては，血統の混乱防止という立法目的を達成するための手段として，再婚禁止期間を設ける必要性は完全に失われているというべきであり，民法773条1項規定はその全部が違憲であると考える。

少数意見のように，再婚禁止期間制度が全部違憲であるとすれば，当然父性推定の重複が起る。もっとも再婚が禁止されても，婚姻届が誤って受理され，子が生まれることも考えられ，その場合には，裁判所が父を定めることになっている（民法773条）。そこで，少数意見は，この規定の類推適用を考えているのである。

多数意見は，父子関係が早期に確定することが子のためであり，また一定期間父が定まらないと種々の不利益があると考えていた。この点について，少数意見はどう考えているのだろうか。

✐Topic10・7　その他の点について

●父子関係早期確定の利益
《鬼丸裁判官》

父性の推定により法律上の父が確定することの法的効果は，飽くまで法律の上での身分関係や扶養義務等が定まるということにすぎないのであって，実際にその子が法律上の父から扶養を受けられる等の利益や福祉が実現することとは別の問題であるともいえ

る。父性の推定により法律上の父が確定したとしても，推定される父である前夫と後夫との間で紛争が生ずることは少なくなく，出産した女性が前夫の父性推定を回避するため子の出生届を提出しないといった対応をすることにより子が無戸籍者となることもあり得ることを勘案すれば，上記のように父性の推定が重複することにより，これを解消する手続をとる間一時的に（科学技術，特にＤＮＡ検査技術の進歩によりその期間は短縮されている。）子の法律上の父が存在しない状態が生ずるとしても，これが，父性の推定により父が定まることと比較して，子の利益や福祉を大きく損なうとまでいうことは困難であろう。

《山浦裁判官》

　再婚を100日間禁止すると，離婚届の後300日以内に生まれた子は全て前夫の法律上の子とすることが可能となり，それが子の利益になるというが，私は，それではむしろ離婚と再婚が接近している事例では血縁のない父子関係となる可能性が高まるので，信頼できる法的手続において科学的・客観的な判定を行い，父子関係を形成する方法をとるべきであると思う。近年の医療や科学水準を前提にすれば，生物学上の父子関係の判定は容易にできるのであって，民法773条（父を定めることを目的とする訴え）の類推適用によることに，それほど大きな負担が伴うわけではない。

●父子関係が定まらない間の不利益

《鬼丸裁判官》

　法律上の父が確定していない子も，社会生活は支障なく送れ，また，行政サービスも受けられるのであって，法的効果以外の場面においても，法律上の父が確定していないことによって子の利益や福祉が損なわれるような社会的状況はないと思料される。

《山浦裁判官》

　生まれた子にとって法律上の父を確定できない状態がしばらく続くことによる不利益も，少なくとも近年においてはそれほど重大なものとはいえなくなっている。実際には，裁判手続等が行われている間であっても，住民票への記載が可能であり，旅券の交付を受けることもでき，児童手当，保育所への受入れ，保健指導，健康診査等の各種の行政サービスを受けることも可能なのである。

◇さらに考えてみよう◇

❶　以上の見解を読んで，あなたは女性のみに課された再婚禁止期間を要否をどのように考えるだろうか。

❷　民法は客観的に血縁上の父を探ろうとしているが，必ずしも血縁だけを重視するわけではないことが分かったのではないかと思う。父が誰かが問題となるのは，無戸籍が問題となる場合だけではない。近時は生殖補助医療が発達し，そこでも父が誰かは問題となり得る。いろいろな場面を想定し，法律上の父とはどうあるべきかを考えてみよう。

♪ Theme―11　夫婦は同一姓を名乗らなければならないか

♪Key words　夫婦が称する氏/選択的夫婦別氏制度

☆Case

　太秦映見も大学を卒業して早3年。学生時代からあこがれていた丘の上の中高一貫校の先生として充実した毎日を送っている。その映見も今度亀岡鶴太郎と結婚することになったが、先生の仕事はその後も続けるつもり。
　鶴太郎があらかじめ記入した婚姻届に映見も記入しようとしたところ、「夫の氏」を選択するという箇所にチェックマークが付けられている。
　映見は改めて、「私、結婚したら、亀岡映見になるんだ。」ということに気がついた。

---

§1 ―― 映見が考えたことは？

　太秦映見にとって，結婚して亀岡の姓に改めることは，「結婚！」という事実を現実のものとして実感するという意味で，ある種感慨深いことであった。またこれを当然のこととも考えた。

　しかし，生徒や父兄から，「太秦先生」と呼ばれていたのを，「亀岡先生」と呼んでもらうようにするのか，また，今まで「太秦映見」の名前でやってきた仕事と，これから「亀岡映見」としてする仕事が同じ私の仕事として見てもらえるのか，さらに，長年親しんできた姓を手放し，別の姓にするのは，私が私でなくなるような気持ちになってしまうなど，考え込んでしまった。

　「亀岡映見」になるにあたって，いろんなことをしっかりと整理をしておきたいと考えた。

✒️ Topic11·1　「苗字（名字）」「姓」「氏」

　「苗字（名字）」「姓」「氏」はいずれも同じ意味で，「名」と共に，個人を識別する機能を持つものであるが，同時に，その人にとっては，「個人として尊重される基礎であり，その個人の人格の象徴であって，人格権の一内容を構成するもの」（最高裁三小法廷昭和63年2月16日判決）と言われている。

　法律用語としては，「苗字（名字）」「姓」ではなく，「氏」という言葉が使われる。嫡出子として生まれた子は，出生により父母の氏を称し，非嫡出子について母の氏を，養子は養親の氏を称するというのが民法のルールである（民法790条，810条）。そして，夫婦と氏を同じくする子ごとに戸籍が編製されることになっている（戸籍法6条）。

　昭和22年改正前の民法では，親族で構成する「家」という制度があり，日本国籍をもつ者は必ず「家」に属し，家の名称である「家の氏」を称するものとされていた。ところが，第二次世界大戦後の民法改正により，家制度が廃止され，これに伴い「家の氏」という考え方はなくなった。だが，夫婦とその子は同じ「氏」を名乗るという制度は，依然として残されている。

　◆民法790条（子の氏）
　　嫡出である子は，父母の氏を称する。ただし，子の出生前に父母が離婚したときは，離婚の際における父母の氏を称する。
　2　嫡出でない子は，母の氏を称する。
　◆民法810条（養子の氏）
　　養子は，養親の氏を称する。ただし，婚姻によって氏を改めた者については，婚姻の際に定めた氏を称すべき間は，この限りでない。
　◆戸籍法6条（戸籍の編製）
　　戸籍は，市町村の区域内に本籍を定める一の夫婦及びこれと氏を同じくする子ごとに，これを編製する。ただし，日本人でない者（以下「外国人」という。）と婚姻をした者又は配偶者がない者について新たに戸籍を編製するときは，その者及びこれと氏を同じくする子ごとに，これを編製する。

---

§2 ── 「夫の氏」の選択　　女性にとって何が問題か？

　婚姻届を提出するとき，「夫婦が称する氏」を決め，これを届書に記載しなければならない。記載がない婚姻届は受理してもらえないからである。

　「夫婦が称する氏」は，夫の氏または妻の氏いずれかを選択する（民法750条）。女性が結婚にあたり，夫の氏に改めなければならないわけではない。妻の氏を選択するという方法もある。

◆**民法750条**（夫婦の氏）
　夫婦は，婚姻の際に定めるところに従い，夫又は妻の氏を称する。

　しかし，実際に妻の氏が選択される割合は少ない。平成28年度人口動態統計特殊報告「婚姻に関する統計」（厚生労働省）によれば，昭和50年に1.2％であったものが，平成27年には4％と多少は増加しているが，夫婦のほとんどは，夫の氏を称している。このような現実を見ると，映見のように，女性は結婚すると夫の氏に改めるのが当然と考えるのも，それほど的外れとはいえないようである。
　しかし，反対に，「なぜ女性が姓を変えなければならないのか？」「長年使ってきた名前を今さら変えるのは抵抗がある！」という考える女性も少なくない。とりあえず夫の氏を称することとしたが，日常は旧姓を通称として使用して不都合を感じている女性，また，通称として旧姓を使用することを望まず婚姻届の提出を断念した女性らが，夫婦同姓という民法のルールは，憲法13条・14条1項・24条，女子差別撤廃条約に反するにもかかわらず，これを改めないのは違法と主張し，国に対して精神的損害の慰謝料の支払いを求めて訴えを提起した。2011年2月のことで，これが有名な「夫婦別姓訴訟」である。

◆**憲法13条**（個人の尊重，生命・自由・幸福追求の権利の尊重）
　すべて国民は，個人として尊重される。生命，自由及び幸福追求に対する国民の権利については，公共の福祉に反しない限り，立法その他の国政の上で，最大の尊重を必要とする。
◆**憲法14条1項**（法の下の平等）
　すべて国民は，法の下に平等であって，人種，信条，性別，社会的身分又は門地により，政治的，経済的又は社会的関係において，差別されない
◆**憲法24条**（家族生活における個人の尊厳と両性の平等）
　婚姻は，両性の合意のみに基いて成立し，夫婦が同等の権利を有することを基本として，相互の協力により，維持されなければならない。
　2　配偶者の選択，…（中略）…離婚並びに婚姻及び家族に関するその他の事項に関しては，法律は，個人の尊厳と両性の本質的平等に立脚して，制定されなければならない。
◆**女子に対するあらゆる形態の差別の撤廃に関する条約16条1項**
1　締約国は，婚姻及び家族関係に係るすべての事項について女子に対する差別を撤廃するためのすべての適当な措置をとるものとし，特に，男女の平等を基礎として次のことを確保する。
(g)　夫及び妻の同一の個人的権利（姓及び職業を選択する権利を含む。）

国を相手に夫婦別姓訴訟は，最高裁判所まで争われたが，そこで原告である女性らが，侵害されたと主張する権利や自由は✐Topic11・2のものである。

✐Topic11・2 「夫婦同姓」により侵害された権利・自由

①氏の変更を強制されない自由　氏は，氏名の構成要素であるだけでなく，それ自体で，人が個人として尊重される基礎であり，人格権の一内容を構成する。氏を意思に反して奪われないことは，人格権の一内容として憲法13条により保障される。
②個人の尊厳・個人としての尊重　民法750条は，国会の立法裁量の存在を考慮したとしても，個人の尊厳ないし個人としての尊重を侵害する。
③婚姻の自由　婚姻の効力として夫婦同氏制を定める民法750条は，一方の改氏を婚姻届出の要件とすることで，実質的に婚姻の自由を制約している。
④平等権，女子差別撤廃条約　民法750条は，96％以上の夫婦において夫の氏を選択するというほとんど女性のみに不利益を負わせる効果を有する規定である。とくに，女子差別撤廃条約に関して，国は条約遵守義務を負うのであるから，女子差別撤廃条約等の保障する平等概念に十分配慮すべきであって，形式的平等が確保されておればそれでよいというものではない。

§3 —— 最高裁判所の判断は？

最高裁大法廷平成27年12月16日判決は，夫婦同姓を定めた民法ルールが憲法違反ではないとした。女性らの訴えは認められなかったのである。

最高裁判所は大法廷を開いて審理し，夫婦同姓制度について，15名の裁判官のうち10人が合憲，5人が違憲というように，意見が分かれた。原告の女性らは✐Topic11・2の①〜④にわたって夫婦同姓制度が女性の権利等を侵害すると主張したが，主として問題になったのは③で，夫婦同姓は婚姻の自由を定める憲法24条に違反するのではないかという点である。合憲とする多数意見は，✐Topic11・3に見るとおりである。

✐Topic11・3 合憲とする多数意見

①　「氏は，家族の呼称としての意義があるところ，現行の民法の下においても，家族は社会の自然かつ基礎的な集団単位と捉えられ，その呼称を一つに定めることには合理性が認められる。」
②　「夫婦が同一の氏を称することは，上記の家族という一つの集団を構成する一員であることを，対外的に公示し，識別する機能を有している。特に，婚姻の重要な効果とし

て夫婦間の子が夫婦の共同親権に服する嫡出子となるということがあるところ，嫡出子であることを示すために子が両親双方と同氏である仕組みを確保することにも一定の意義がある。」

③　夫婦同氏制の下での不都合，すなわち，「婚姻によって氏を改める者にとって，そのことによりいわゆるアイデンティティの喪失感を抱いたり，婚姻前の氏を使用する中で形成してきた個人の社会的な信用，評価，名誉感情等を維持することが困難になったりするなどの不利益を受ける場合があることは否定できない」ことが認められるものの，「夫婦同氏制は，婚姻前の氏を通称として使用することまで許さないというものではなく，近時，婚姻前の氏を通称として使用することが社会的に広まっているところ，上記の不利益は，このような氏の通称使用が広まることにより一定程度は緩和され得るので，合理性を欠く制度であると認めることはできない。」

　この判決には，少数意見として，寺田逸郎裁判官（裁判長）による補足意見，櫻井龍子裁判官，岡部喜代子裁判官，鬼丸かおる裁判官，木内道祥裁判官による意見，山浦善樹裁判官の反対意見がつけられている。

　女性である岡部裁判官，櫻井裁判官，鬼丸裁判官は，意見として，民法750条を改めないことについて国の違法性はないとするが，しかし，民法750条は憲法24条に違反すると主張する。その理由は，✐Topic11・4のとおりであり，

Legal tips 11. 1　少数意見

　平成27年12月の最高裁判決には，「補足意見」，「意見」，「反対意見」が付けられている。裁判所法11条は「裁判書には，各裁判官の意見を表示しなければならない」との規定によるものである。これは，最高裁判所だけにある制度で，裁判官の多数意見が集約された「判決」以外に，ここに至るまでの裁判官の個人的意見を知ることができる。

　「補足意見」は，多数意見に加わった裁判官がさらに付け加えた意見，「反対意見」は，結論・理由ともに多数意見に反対する意見，「意見」は，結論は多数意見と同じであるが，理由が異なるものをいい，これらを「個別意見」ということもある。

　最高裁判所の裁判官は，高裁・地裁の判事を務めた職業裁判官のほか，弁護士，検察官，行政官，法学者の経歴を有するものの中からも任命される。経歴の違いによる考え方の相違も見られ，これが少数意見を彩ることになるほか，裁判官の構成が変わることで，従来の少数意見が多数意見に変わることもあり，少数意見にも注目すべき情報が盛り込まれていることが多い。

　とくに，夫婦別姓訴訟の3人の女性裁判官の意見を見ると，櫻井裁判官は労働省女性局長，岡部裁判官は慶應義塾大学法科大学院教授，鬼丸裁判官は弁護士の経歴を有し，大いに活躍してこられた方々であるだけに，単なる法律論でない重みが感じられる。

多数意見に真っ向から反対するものである。

✐Topic11·4　女性裁判官の意見

① 「氏の第一義的な機能が同一性識別機能である」と考え，「婚姻によって取得した新しい氏を使用することによって当該個人の同一性識別に支障の及ぶことを避けるために婚姻前の氏使用を希望することには十分な合理的理由があるといわなければならない」とした上，このようなニーズは，「女性の社会進出の推進，仕事と家庭の両立策などによって婚姻前から継続する社会生活を送る女性が増加するとともにその合理性と必要性が増している。」

例えば，現在，「インターネット等で氏名が検索されることがあるなどの，いわば氏名自体が世界的な広がりを有するようになった社会においては，氏による個人識別性の重要性はより大きいものであって，婚姻前からの氏使用の有用性，必要性は更に高くなっている。」

② 「夫の氏を称することは夫婦となろうとする者双方の協議によるものであるが，96％もの多数が夫の氏を称することは，女性の社会的経済的な立場の弱さ，家庭生活における立場の弱さ，種々の事実上の圧力など様々な要因のもたらすところであるといえるのであって，夫の氏を称することが妻の意思に基づくものであるとしても，その意思決定の過程に現実の不平等と力関係が作用しているのである。そうすると，その点の配慮をしないまま夫婦同氏に例外を設けないことは，多くの場合妻となった者のみが個人の尊厳の基礎である個人識別機能を損ねられ，また，自己喪失感といった負担を負うこととなり，個人の尊厳と両性の本質的平等に立脚した制度とはいえない。」

③ 多数意見（✐Topic11・3）の③に関して，「通称は便宜的なもので，使用の許否，許される範囲等が定まっているわけではなく，現在のところ公的な文書には使用できない場合があるという欠陥がある上，通称名と戸籍名との同一性という新たな問題を惹起することになる。そもそも通称使用は婚姻によって変動した氏では当該個人の同一性の識別に支障があることを示す証左なのである。既に婚姻をためらう事態が生じている現在において，上記の不利益が一定程度緩和されているからといって夫婦が別の氏を称することを全く認めないことに合理性が認められるものではない。」

§4 ── 結婚前の旧姓を通称名として使用すれば問題ないと考えるか？

結婚前の旧姓を通称名として使用することが社会的に広まっているので，姓を改めることによる不利益はそれほどのものではないという多数意見に対して，岡部裁判官らは，これを理由に結婚をためらう事態が現に生じている以上，夫婦別姓を認めないことに合理性はないと主張する。

夫婦同姓による社会生活上の支障を問題にするのであれば，通称使用である

程度解決できるという考え方は従来から多くの支持を受けていた。しかし，現実に通称名と戸籍の不一致を理由に事実婚もやむなしと考えるカップルも存在するので，社会生活上の支障がなければそれでよいとするわけにもいかないというのは確かにそのとおりかもしれない。

　さらに，結婚前の旧姓を通称名として使用することが社会的に広まっているといっても，これに同調しない職場や環境がある。例外的の事件かもしれないが，「職場が関わる場面において戸籍上の氏の使用を求めることは，その結果として婚姻前の氏を使用することができなくなるとしても，現時点でそれをもって違法な侵害であると評価することはできない」とした東京地方裁判所の判決が注目される（平成28年10月11日）。東京都内の私立学校に勤務する既婚の女性教員が，職場で通称名として旧姓の使用を認めてもらえず，人格権を侵害されたなどと主張して，学校を相手に損害賠償を請求して訴えを提起した事件である。

　本判決の結論については，時代錯誤的とか，✐Topic11・3の最高裁判決も踏まえていないとか，さんざんな評価しかされていないが，ひとつの考え方を示したものであろう。

§5 —— どのような制度にすればいいか？

　1996年に次の内容の「選択的夫婦別氏制度」が提案されている。民法の改正を意図してとりまとめられた提案であり，これを受け，国会に民法改正案が提出される直前まで手続きが進められたが，当時の政権与党から，「家族の一体感を損なう」などと強い反対にあい未だ実現していない。

　平成8年2月26日　法制審議会総会決定
　第三　夫婦の氏
　一　夫婦は，婚姻の際に定めるところに従い，夫若しくは妻の氏を称し，又は各自の婚姻前の氏を称するものとする。
　二　夫婦が各自の婚姻前の氏を称する旨の定めをするときは，夫婦は，婚姻の際に，夫又は妻の氏を子が称する氏として定めなければならないものとする。

選択的夫婦別氏制度が実現すると，夫婦がそれを望めば，結婚後も夫婦がそれぞれの結婚前の氏を称することができる。どうするかそれぞれの夫婦が決めればよいという制度である。

これにより，「夫婦別姓訴訟」で問題になったことの多くが解消するのは疑いのないところであろう。問題が起こるたびに話題になる民法の大きな課題のひとつである。

ところで，実際上の不都合を避けるため，氏を変更しないという制度はすでに存在する。離婚により元の氏に戻るのが原則（「離婚復氏制度」）であるが，届出によって婚姻中の氏を称することできる「婚氏続称制度」がある（民法767条）。

◆**民法767条（離婚による復氏等）**
　婚姻によって氏を改めた夫又は妻は，協議上の離婚によって婚姻前の氏に復する。
　2　前項の規定により婚姻前の氏に復した夫又は妻は，離婚の日から3箇月以内に戸籍法の定めるところにより届け出ることによって，離婚の際に称していた氏を称することができる。

「婚氏続称制度」は，1976年の民法改正によって導入されたもので，離婚による復氏は，社会活動をする女性に不利益である，離婚後に母のもとで養育される子が母と氏を別にするのは子の養育上好ましくないなどが配慮されたものである。そうすると，婚姻による氏の変更についても，同様の配慮が必要でないかという考え方も十分理由があるように思われる。

── ◇**考えてみよう**◇ ─────────────

❶　法務省のＨＰに「選択的夫婦別氏制度（いわゆる選択的夫婦別姓制度）について」という解説があります。これを読んで，この制度が，①何をねらいとした，②どのような内容のものか，③夫婦別姓訴訟との関係等について考えてみよう。
❷　結婚して姓を改めた女性が，職場で旧姓を使用することを，広く認めていくことが望ましいと考えてよいでしょうか。
❸　太秦映見が，亀岡鶴太郎と結婚したとき，「亀岡（太秦）映見」（ふりがな表記は，かめおか・えみ）として婚姻届けを出した。これは受理されるだろうか？

094

△△△△△

♪Theme—12　相続のルールはなぜ必要なの

♪**Key words**　財産処分の自由/相続選択の自由/法定相続分

☆*Case*

　鶴太郎の会社の先輩は、最近父を亡くし、相続でもめているという。父を亡くした
だけでも悲しいのに、遺言というのが出てきて自分の知らない人にある財産をやる
と書いてあるし、母親の分はまあよしとして、兄の方が自分より多くもらえると書
いてあるのがどうも気にくわない。これを聞いて鶴太郎は、民法はこんな不平等を
許すのだろうか、と思ったが、自分が相続についてあまり何も知らないことに気づ
いた。

---

§1 ── 相続とは

　相続とは，被相続人が有した財産の承継を意味する。日本では，手許にある
であろう筆記用具や教科書といったものから，銀行預金，土地や建物という資
産と呼ばれるようなものまで，個人が様々な財産を有する。これらは，その個
人が自由に処分できるものであるので，自分が死亡した場合の処分の仕方もそ
の個人が自由に決めることができる。自分が死んだらこの財産を贈与する，と
他人と契約することもできるし（死因贈与，民法554条），遺言でどの財産を誰に
やるとか（遺贈，民法964条），相続人の相続分（民法902条）や遺産分割の方法（民
法908条）を決めておくこともできる。

　自由に処分できるからといって，例えばすべての財産を寄付してしまったり，
特定の個人に遺贈されてしまったら，その被相続人の財産に依存して生活して
いる者が困窮することになり，それも妥当ではない。そこで一定の相続人には，
最低限の相続分が認められ，それが侵害される場合には，取り戻すことが可能

になっている（遺留分，民法1028条以下）。

　死に備えて遺言をしたためていない場合にはどうすれば良いのか。そのとき
のために民法は，誰がどれだけ相続するのかを決めている。

§2 —— 相続の開始と相続財産

★1　相続の開始

　相続は，被相続人の死亡により開始する（民法882条）。人の死には，心臓が
停止する死亡のほか，失踪宣告（民法30条）と認定死亡がある。失踪宣告は，
ある人の生死が7年間不明であるときは，その利害関係人の請求に基づき家庭
裁判所が行う。認定死亡とは，水難，火災その他の事変によって死亡した者が
ある場合に，死体は発見されないものの，取調べをした官庁または公署が死亡
を認定することをいい，その認定に基づき戸籍に死亡と記載され（戸籍法89条），
死亡したものとして扱われる。

★2　相続財産とその承継

　相続は，被相続人の財産を承継する制度であるが，その承継される財産を相
続財産という。相続財産とは，被相続人がその死亡時点において有し，相続さ
れるべき財産である。原則として，被相続人の財産に属した一切の権利義務が
承継される（包括承継主義。民法896条本文）。注意すべきことは，義務も承継さ
れるということであり，つまり，被相続人が借金をしていた場合には，その債
務も相続される。もちろん，被相続人だけに帰属すべき権利，たとえば，労働
債務，扶養請求権，生活保護受給権，年金受給権は消滅する。また，家系図や
位牌，お墓といった祭祀財産については，別に承継ルールが定められている（民
法897条）。

　被相続人が死亡し，相続人が複数いる場合には，その相続財産はいったん相
続人全員で共有することになる（遺産共有）。この共有は，共同相続人全員です
る協議（遺産分割協議）により解消する。その協議に基づき得た財産は，各相
続人単独の財産になるが，被相続人から直接各相続人に移転したこととして（共
有という状態がなかったこととして）扱われる。

096 UNIT❸ 民事法ナビ

§3 ── 誰が相続するか

★1 相続人の種類と順序

　相続人は，法律上決定され，好きな人を相続人にすることはできない。相続人になるのは次の者で，被相続人死亡時に生存していなければならない。まずは，配偶者（被相続人婚姻している場合の，その婚姻の相手方。夫にとっての妻，妻にとっての夫のこと）が生存する場合には，常に相続人となる（民法890条）。被相続人と血縁関係のある者の中では，被相続人の子（民法887条1項）が相続人となる。被相続人に子がない場合には，被相続人の直系尊属（民法889条1項1号）が相続人となり，直系尊属がなければ，被相続人の兄弟姉妹（民法889条1項2号）が相続人となる。

　被相続人の死亡時に胎児だった者も，その後生きて生まれれば相続可能となる（民法886条1項）。「既に生れたものとみなす」とは，本来，胎児には権利能力はないが，生れたこととして権利能力を承認する趣旨であり，つまりその相続に預かることが可能となる。ただし，生れてくることが条件である（同条2項）。

　最終的に相続人が存在しないときは，裁判所は，相続財産を特別縁故者に財産を分け，相続財産が残れば，それは国庫に帰属する。

　◆**民法887条1項**（子及びその代襲者等の相続権）
　　被相続人の子は、相続人となる。
　◆**民法889条1項**（直系尊属及び兄弟姉妹の相続権）
　　次に掲げる者は、第887条の規定により相続人となるべき者がない場合には、次に掲げる順序の順位に従って相続人となる。
　　一　被相続人の直系尊属。ただし、親等の異なる者の間では、その近い者を先にする。
　　二　被相続人の兄弟姉妹
　◆**民法890条**（配偶者の相続権）
　　被相続人の配偶者は、常に相続人となる。この場合において、第887条又は前条の規定により相続人となるべき者があるときは、その者と同順位とする。

★2 相続権の剥奪

　相続人であっても相続できない場合がある。相続欠格と相続廃除の場合である。

　相続欠格とは，相続権を剥奪する民事上の制裁であり，推定相続人が相続秩

Legal tips 12.1 推定相続人

相続が開始した場合に相続人となるべき者。廃除は，被相続人が死亡する前に行うわけで，いまだ相続が開始していない時点で行われる。したがって，相続人はまだ確定していないため，相続人ではなく，推定相続人という。

序を侵害する非行を行う場合に，法律上当然に相続権が剥奪される制度である（民法891条）。例えば，被相続人を死亡させて刑に処せられたり，遺言書を偽造・変造・破棄・隠匿したりする場合である。

廃除とは，被相続人の意思に基づき相続人の相続資格を剥奪する制度である（民法892条）。推定相続人（Legal tips12・1参照）が被相続人に対して虐待をし，もしくはこれに重大な侮辱を加えたとき，または推定相続人にその他の著しい非行があった場合に認められる。例えば，被相続人に対して継続的に暴力を振るい，根拠もなく人格異常だと主張し，さらに承諾なく貯金数千万円を引き出した事例で認められている。欠格とは異なり，廃除の場合には，被相続人が推定相続人の廃除を家庭裁判所に請求する必要があり，認められるとその推定相続人は相続できなくなる。相続欠格とは異なり，その後態度を改めたことを理由に，廃除を取り消すことができる（民法894条）。

★3 相続選択の自由

相続人が決まっていてもすぐに相続するわけではない。今度は相続人が，相続するかどうかの決断をするのである。実際の運用からすると，相続しない決断をすることができる。その判断をするための期間は，自己のために相続の開始があったことを知ったときから3ヶ月以内である（民法915条）。起算点が，相続開始時からではないことに注意が必要である。

選択方法には3種類あり，単純承認，限定承認，そして相続放棄である。

まず単純承認（民法920条）は，その名のとおり，一切の権利義務を包括的に承継することを承認するものであるが，上記の選択期間内に，限定承認か相続放棄の申述を家庭裁判所で行わなければ単純承認したことになる（法定単純承

認）。

　限定承認（民法922条）という相続承認方法は，相続財産の範囲内で被相続人の債務を弁済し，余りが存在する場合には，それを相続するものである。相続債務が完全に弁済されなかったとしても，相続人が支払う必要はなく，相続財産が余らないので，相続しないだけである。この方法で承認するためには，相続人全員がそろって行う必要がある（民法923条）。

　相続放棄（民法938条）は，相続開始による包括承継の効果を全面的に拒否することであり，相続放棄をした者は初めから相続人とならなかったものとみなされる。

§4 ── 相続分

　相続分とは，相続財産の取得割合である。この割合は，遺言者が遺言により指定することができる（指定相続分，民法902条）。被相続人が遺言せずに死亡することもあり得（むしろその事例が多い），民法は，相続分を定めている（法定相続分）。相続分の指定は，割合の指定であるが，清算を必要としない趣旨で法定相続分を超える特定の相続財産を承継させると，遺産分割方法の指定を伴う相続分の指定と解することができる。

　法定相続分は，誰が相続人になるかにより異なる。まず，配偶者と子が相続人となる場合には，配偶者が1/2，子が1/2である。配偶者と直系尊属が相続人の場合には，配偶者が2/3，直系尊属が1/3，配偶者と兄弟姉妹が相続人の場合には，配偶者が3/4，兄弟姉妹が1/4となる。そして，子，直系尊属または兄弟姉妹が複数いる場合には，対等の割合となる。つまり，配偶者と子が相続人となる場合には，配偶者が全体の1/2を取得し，子が残りの1/2を取得する。配偶者が2人いることはないが，子や直系尊属，兄弟姉妹は複数いる場合がある。その場合には，上記の割合で与えられる分をその人数で平等に分割する。例えば子が2人の場合には，全体の1/2を2人で対等に分け合うので，各自1/4の相続分となる。

　さらに，特別受益や寄与分を計算に入れることができ，すでに一定の目的で被相続人から財産の贈与を受けているような者の相続分をその贈与を考慮に入れて再計算（相続での取り分は減る）し，また被相続人の財産の増加について特

Theme—12 相続のルールはなぜ必要なの 099

別に寄与した者が居る場合には，その寄与者の相続分を増やすことができる。
実質的な平等を実現する制度になっている。

◆民法900条（法定相続分）
　同順位の相続人が数人あるときは，その相続分は，次の各号の定めるところによる。
　一　子及び配偶者が相続人であるときは，子の相続分及び配偶者の相続分は，各2
　　分の1とする。
　二　配偶者及び直系尊属が相続人であるときは，配偶者の相続分は，3分の2とし，
　　直系尊属の相続分は，3分の1とする。
　三　配偶者及び兄弟姉妹が相続人であるときは，配偶者の相続分は，4分の3とし，
　　兄弟姉妹の相続分は，4分の1とする。
　四　子，直系尊属又は兄弟姉妹が数人あるときは，各自の相続分は，相等しいもの
　　とする。ただし，父母の一方のみを同じくする兄弟姉妹の相続分は，父母の双方
　　を同じくする兄弟姉妹の相続分の2分の1とする。

✐Topic12・1　相続法改正について

　相続法（民法の第5編）が改正された。1980年以来の大幅な改正である。改正の主な
ポイントは次のとおりである。
【配偶者の居住の保護】　配偶者が相続開始時に居住している被相続人所有の建物に住み
続けることができる配偶者居住権等の新設。
【遺産分割】　婚姻期間が20年以上の夫婦であれば，配偶者が居住用の不動産（土地・建物）
を生前贈与したときは，その不動産を原則として遺産分割の計算対象としてみなさない
（特別受益の問題）。
【遺言制度】　自筆ではなくパソコンなどでも自筆証書遺言の財産目録を作成できる。法
務局が自筆証書遺言を保管する制度の新設。
【相続人以外の貢献の考慮】　相続人以外の被相続人の親族（相続人である長男の妻など）
が被相続人の介護をしていた場合，一定の要件を満たせば相続人に金銭請求できる制度
の新設（寄与分の問題）。

── ◇さらに考えてみよう◇ ──

❶　　次の事例でAが死亡した場合の相続人は誰になるか。
　①Aが死亡したときに，Aの両親，Aの配偶者，Aの子（2人）が生存していた場合。
　②Aが死亡したときに，Aの両親，Aの兄，Aの配偶者が生存していた場合。
❷　　上記❶の各場合において，Aの相続財産が600万円相当であるとすると，各相
　続人の相続分はいくらになるか。

▷ ▶UNIT❹ 刑事法ナビ

the Guide to Criminal Law

♪ Theme―13　冤罪事件を防ぐには

♪ Theme―14　裁判員になって死刑判決にかかわる

△△△△△

♪Theme─13 冤罪事件を防ぐには

♪**Key words**　人質司法/取調べの可視化

☆*Case*

　就職して5年目の鶴太郎の1日は、郊外から満員の通勤電車に揺られて、市内の
オフィスにたどり着くところから始まる。その日も同じような1日になるはずで
あった。ところが、満員電車の中で、鶴太郎はある女性に突然に腕を捕まれ、「この人、
痴漢です！」とやられた。周りの乗客もこの女性に協力、鶴太郎は駅長室に連れて
行かれた。ほどなく警察官も来て、事情を聞かれ、鶴太郎は懸命に「自分はやって
いない！」と訴えたのであったが、誰にも聞いてもらえなかった。

　それでも鶴太郎は、連れて行かれた警察で、「自分はやっていない！」と言い張っ
たので、20日間にわたって勾留され、取調べを受けることになった。

§1 ──「人質司法」とは？

　被疑事件を認めないと勾留が長期化するなどと脅したり，また，起訴後も自
白しない限り証拠隠滅のおそれがあるとして保釈を認めない運用など，いわば
被疑者の身柄を一種の「人質」にする形で被疑者に自白を迫る。これが「人質
司法」と言われている。痴漢事件などでよく問題になる。

　この問題をテーマにしたのが，周防正行監督『それでもボクはやってない』
（2007年公開）という映画である。

　フリーターの金子徹平（26）は，朝の通勤ラッシュで混雑する電車で就職面接に
行く途中，女子中学生に痴漢と間違えられ，連れて行かれた警察署で，否認のまま留
置所に容れられた。警察官・検事，また当番弁護士からも，痴漢を認めれば，起訴猶
予ないし略式裁判による罰金の処分で，短期間のうちに釈放されるケースもあると言

104 UNIT❹ 刑事法ナビ

われたが，あくまで「ボクはやっていない」と言い張り，長期間勾留される羽目に陥った。

　徹平の母・豊子と親友の達雄は，伝手を頼り，弁護士の荒川（元刑事裁判官）と須藤（新人女性・美人）に協力してもらうことになった。須藤は，最初は嫌がっていたが，荒川から「痴漢冤罪事件には，日本の刑事裁判の問題点が表れている」と説得され，荒川と共に徹平を弁護することになった。徹平は，荒川・須藤から，取り調べに関してもアドバイスをもらい，徹平の言ったことと違う内容の供述調書に修正を求めるなど，戦う姿勢を貫いた。しかし，「被害者の言い分と徹平の言い分が食い違っている。あとは裁判所に判断してもらうほかない。」として，起訴されてしまう。

　裁判が始まり，徹平の無実を信じる豊子と達雄は，「痴漢冤罪」を訴える市民運動家の佐田の協力を得ることができた。そして，徹平の元カノの陽子も，徹平のことを心配して裁判を傍聴しにきた。

　裁判が続く中で心が折れそうになる徹平であったが，荒川弁護士や達雄らの助力を得て再現実験などを行い，さらに，目撃証人を見つけることもでき，裁判で無実を明らかにしようとした。しかし，当初から検察官寄りの訴訟指揮をしていた室山判事が裁判長になり，徹平の主張は聞きいれられなかった。その結果，「被告人を懲役三月に処する。この裁判の確定の日から三年間……」の有罪判決が言い渡された。

✐Topic13・1　「逮捕」と「勾留」，そして「拘留」

　「逮捕」「勾留」は，刑事訴訟法に定められている。被疑者の逃亡や証拠隠滅を防止するため，被疑者の身体を拘束するものである。憲法は，これらについて令状主義の原則を定めている。

　「現に罪を行い，または現に罪を行い終った者」を現行犯人というが，この現行犯人であれば，誰でも（警察官でなくても），逮捕状がなくても，逮捕できる。いわゆる「現行犯逮捕」である。これに対し，裁判官から逮捕状の発付を受けて行う逮捕を，「通常逮捕」という。また，一定の重い犯罪について，逮捕後，直ちに逮捕状の請求をすることを条件に，逮捕状の事前発付がない「緊急逮捕」も認められている。通常逮捕が，憲法33条に則った原則形態であるが，現行犯逮捕も相当の割合で行われている。

　逮捕された被疑者の身体拘束の期間は，逮捕されてから48〜72時間であり，その後，裁判官に「勾留」の請求が認められれば，請求の日から10日間の身体拘束が行われ，やむを得ない場合においてはこの期間が延長される。逮捕されれば，勾留まで引き続き行われている事例が多いようである。

　なお，「勾留」と同じ読みである「拘留」との混同に注意しなければならない。「拘留」は，受刑者を1日以上30日未満の範囲で監獄内に拘禁するという刑罰である（刑法16条）。

◆憲法33条

何人も，現行犯として逮捕される場合を除いては，権限を有する司法官憲が発し，且つ理由となつてゐる犯罪を明示する令状によらなければ，逮捕されない。

◆刑事訴訟法199条

検察官，検察事務官又は司法警察職員は，被疑者が罪を犯したことを疑うに足りる相当な理由があるときは，裁判官のあらかじめ発する逮捕状により，これを逮捕することができる。ただし，30万円（刑法，暴力行為等処罰に関する法律及び経済関係罰則の整備に関する法律の罪以外の罪については，当分の間，2万円）以下の罰金，拘留又は科料に当たる罪については，被疑者が定まつた住居を有しない場合又は正当な理由がなく前条の規定による出頭の求めに応じない場合に限る。

◆同203条

司法警察員は，逮捕状により被疑者を逮捕したとき，又は逮捕状により逮捕された被疑者を受け取つたときは，直ちに犯罪事実の要旨及び弁護人を選任することができる旨を告げた上，弁解の機会を与え，留置の必要がないと思料するときは直ちにこれを釈放し，留置の必要があると思料するときは被疑者が身体を拘束された時から48時間以内に書類及び証拠物とともにこれを検察官に送致する手続をしなければならない。

② 前項の場合において，被疑者に弁護人の有無を尋ね，弁護人があるときは，弁護人を選任することができる旨は，これを告げることを要しない。

◆同205条

検察官は，第203条の規定により送致された被疑者を受け取つたときは，弁解の機会を与え，留置の必要がないと思料するときは直ちにこれを釈放し，留置の必要があると思料するときは被疑者を受け取つた時から24時間以内に裁判官に被疑者の勾留を請求しなければならない。

② 前項の時間の制限は，被疑者が身体を拘束された時から72時間を超えることができない。

◆同208条

……被疑者を勾留した事件につき，勾留の請求をした日から10日以内に公訴を提起しないときは，検察官は，直ちに被疑者を釈放しなければならない。

② 裁判官は，やむを得ない事由があると認めるときは，検察官の請求により，前項の期間を延長することができる。この期間の延長は，通じて10日を超えることができない。

◆同210条

検察官，検察事務官又は司法警察職員は，死刑又は無期若しくは長期3年以上の懲役若しくは禁錮にあたる罪を犯したことを疑うに足りる充分な理由がある場合で，急速を要し，裁判官の逮捕状を求めることができないときは，その理由を告げて被疑者を逮捕することができる。この場合には，直ちに裁判官の逮捕状を求める手続をしなければならない。逮捕状が発せられないときは，直ちに被疑者を釈放しなければならない。

◆同213条

現行犯人は，何人でも，逮捕状なくしてこれを逮捕することができる。

106 UNIT❹ 刑事法ナビ

◆同214条
検察官，検察事務官及び司法警察職員以外の者は，現行犯人を逮捕したときは，直ちにこれを地方検察庁若しくは区検察庁の検察官又は司法警察職員に引き渡さなければならない。

§2 ── 刑事裁判の手続　刑罰が確定するまで？

　ひととおりの捜査を終えた検察官は，その事件を起訴するかどうかを決める。検察官が，起訴する必要がないと考えたときは起訴しないことができ（起訴便宜主義），起訴は，検察官しか行うことができない（国家訴追主義）。

　また，起訴されるべき事件が起訴されなかったりするなど，検察官の恣意的な判断を抑制する仕組みがある。よく知られているのが，「検察審査会」である。

　検察官が起訴を相当と考えると，裁判所に起訴状を提出して公訴を提起する。刑事裁判手続の開始である。ここで，被疑者は，「被告人」と呼ばれることになる。

　建前としては，事実の認定は，証拠に基づき行う（証拠裁判主義）。証拠調べは厳格に行われ，「被告人が犯人であることについて，合理的な疑いを容れない程度に証明されなければならない」というのが基本的な考え方である。

　裁判手続において，罪となるべき事実を認定して，これに法規を適用して，有罪と認められれば刑を宣告する。それ故に，刑事裁判では，事実認定がすべてと言われる。それだけ重要という意味である。ただし，本当のところは裁判官にも分からない（神のみぞ知る）。そうすると，裁判官は，同じ国家機関である検察が構築した事件のストーリーに乗りがちで，その結果が，有罪率99.9％という日本の刑事司法になっている。

cf. 「裁判手続 刑事事件Q&A」
http://www.courts.go.jp/saiban/qa_keizi/index.html
傷害事件の裁判を例にとって，実際の法廷で刑事裁判がどのように進められているかを紹介している。

◆刑事訴訟法247条
　公訴は，検察官がこれを行う。

Theme—13 冤罪事件を防ぐには *107*

◆同248条

犯人の性格，年齢及び境遇，犯罪の軽重及び情状並びに犯罪後の情況により訴追を必要としないときは，公訴を提起しないことができる。

◆同317条

事実の認定は，証拠による。

✐Topic13・1　自白の任意性

自白は，「証拠の女王」と言われている。取調べでの被告人の供述を録取した書面が，証拠として使用される。「供述調書」と言われている。犯罪を犯したかどうかは，被疑者しか知り得ないことであるので，捜査機関はなんとか自白させようと躍起になるのは，当然の流れでもある。自白をとるために，「拷問」にかけるようなことはないとしても，人権を侵害する苛酷な取調べは平気で行われていたようである。このような取調べが原因となって冤罪が生み出されやすいという弊害はたびたび指摘されているところである。

そこで，憲法38条2項は，「強制，拷問若しくは脅迫による自白又は不当に長く抑留若しくは拘禁された後の自白は，これを証拠とすることができない」とし，また，刑事訴訟法319条1項においても，「強制，拷問又は脅迫による自白，不当に長く抑留又は拘禁された後の自白その他任意にされたものでない疑のある自白は，これを証拠とすることができない」として，自らの意思によらず，強制された自白に基づく供述調書を証拠として用いることは許されないこととする。証拠能力が認められないのである。これが「自白の任意性」の問題である。

§3 —— 今回，「刑事訴訟法」の何がどう変わった？

2016年6月，刑事訴訟法の改正法が公布された。しかし，2019年6月にこの刑事訴訟法の改正法が全面施行された。これは現行法施行後，最大規模の改正と言われている。

改正法は，①いわゆる「取調べの可視化」と言われている，被疑者取調べの録音・録画制度の導入を始め，取調べへの過度の依存を改めて適正な手続の下で供述証拠および客観的証拠をより広範囲に収集することができるようにするため，証拠収集手段を適正化・多様化すること，②供述調書への過度の依存を改め，被害者および事件関係者を含む国民への負担にも配慮しつつ，真正な証拠が顕出され，被告人側においても，必要かつ十分な防御活動ができる活発で充実した公判審理を実現すること，という2つの理念を掲げ，多岐にわたる制

108 UNIT❹ 刑事法ナビ

度改正が図られた。

また，協議・合意制度（司法取引）等の制度も導入された。

cf.「日本弁護士連合会パンフレット・刑事訴訟法等が改正されました」
https://www.nichibenren.or.jp/library/ja/publication/booklet/data/keijisoshohoto_
kaisei_02.pdf

Legal tips 13. 1 犯罪捜査——GPS捜査とプライバシーの問題

　今回の刑事訴訟法の改正で取り入れられた「取調べの録音・録画制度」は，犯罪捜査における取調べの適正化を図るものである。
　同様に，適正ではない捜査方法として，「GPS捜査」が話題になっている。
　警察が窃盗事件の捜査の一環として，犯人と思われる人物の自動車に，無断でGPS端末を取り付け，その所在を検索して移動状況を把握するという方法により捜査が実施されたものである。
　「こんなことが許されるか」と問題にしたのが，大阪の若手弁護士6名である。6名は弁護団を結成してこの問題に取り組み，「GPS捜査は違法」とする大法廷判決（平成29・3・15刑集71巻3号13頁）を勝ち取った。
　判決の内容は次のとおりである。
① 　GPS捜査は，その性質上，公道上のもののみならず，個人のプライバシーが強く保護されるべき場所や空間に関わるものも含めて，対象車両およびその使用者の所在と移動状況を逐一把握することを可能にする。
② 　このような捜査手法は，個人の行動を継続的，網羅的に把握することを必然的に伴うから，個人のプライバシーを侵害し得るものである。
③ 　プライバシーの侵害を可能とする機器を個人の所持品に秘かに装着することによって行う点において，公権力による私的領域への侵入を伴うものというべきである。
③ 　憲法35条は，「住居，書類及び所持品について，侵入，捜索及び押収を受けることのない権利」を規定しているところ，この規定の保障対象には，「住居，書類及び所持品」に限らずこれらに準ずる私的領域に「侵入」されることのない権利が含まれるものと解するのが相当である。
④ 　個人のプライバシーの侵害を可能とする機器をその所持品に秘かに装着することによって，合理的に推認される個人の意思に反してその私的領域に侵入する捜査手法であるGPS捜査は，個人の意思を制圧して憲法の保障する重要な法的利益を侵害するものとして，刑事訴訟法上，特別の根拠規定がなければ許容されない強制の処分に当たるとともに，一般的には，現行犯人逮捕等の令状を要しないものとされている処分と同視すべき事情があると認めるのも困難であるから，令状がなければ行うことのできない処分と解すべきである。

Theme—13　冤罪事件を防ぐには　*109*

✐Topic13・3　刑事訴訟法と刑法

　　刑事訴訟法は，「刑事事件につき，公共の福祉の維持と個人の基本的人権の保障とを全うしつつ，事案の真相を明らかにし，刑罰法令を適正且つ迅速に適用実現することを目的とする」（同法1条）もので，犯罪捜査の実行と逮捕・勾留，起訴，公判手続や刑罰の執行に関するルールが定められている。

　　刑法は，どのような行為が犯罪になり，またこれの犯罪に対してどのような刑罰が科せられるかが定められている。前もって，どのような行為を犯罪とし，刑罰を科する旨を定めた成文の法律がなければ，その行為を罰することはできないこと（罪刑法定主義）が，その根拠である。

　　刑法は，犯罪の要件と効果などの実体面が定められ，刑事訴訟法では，処罰に至るまでの手続面が定められている。この観点から，前者を刑事実体法，後者を刑事手続法と呼ぶことがある。

§4 ──「取調べの可視化」の意味するものは？

　刑事訴訟法改正の原案は，内閣提案の法律改正がそうであるように，法制審議会の部会において審議された。「法制審議会──新時代の刑事司法制度特別部会」がそれである。メンバーとして，刑事法を専門とする学者・弁護士のほか，有識者として，映画監督の周防正行氏，厚生労働省事務次官村木厚子氏らが参加しているのがユニークなところである。

　村木氏の参加は，この問題に関連するひとつの事件，「厚生労働省郵便不正事件」の当事者であったことによるものである。

　この事件で村木氏は，障害者団体向けの郵便料金の割引制度の不正利用があったとして，大阪地方検察庁特捜部によって逮捕され，郵便法違反・虚偽有印公文書作成等で起訴された。逮捕から164日間の勾留，1年2か月にわたる公判を経て無罪になったものの，その後，本事件の担当主任検事であった前田恒彦らの証拠改ざんなどが明らかになり，検察への信頼を根底から覆す不祥事件として大きな社会問題になった。

　村木氏は，長期勾留，密室での苛酷な取調べや自白の強要等を経験したのである。何が何でも被疑者に自白させ，検察が思い描くストーリーに沿った供述調書を作成するといった，真相究明とはほど遠い取調べの弊害の是正が課題となり，「取調べの可視化」が検討されることとなった。

110 UNIT❹ 刑事法ナビ

このように，「取調べの可視化」は，取調べを適正化して，自白の証拠能力を高めることにあったが，4年に及ぶ審議の過程で，可視化と引き換えに，「おとり捜査」や「司法取引」なども課題になり，錯綜した議論が続けられていた。

最終的に，2014年9月に，部会の答申「新たな刑事司法制度の構築についての調査審議の結果」が出され，ひとまず議論の決着を見た。

答申による刑事訴訟法の改正提案は多岐にわたるが，最重点課題としてトップに掲載されているのが，「取調べの録音・録画制度の導入」である。

cf. 「最終とりまとめ・新たな刑事司法制度の構築についての調査審議の結果」
http://www.moj.go.jp/content/000125178.pdf

📎Topic13·4　取調べの録音・録画制度の導入

部会の答申を受け，改正刑事訴訟法で301条の2新設条文が追加された。
まず，本制度の対象は，裁判員裁判対象事件*と検察官の独自捜査事件において，逮捕または勾留されている被疑者を取り調べるときに限られる。

＊裁判員裁判対象事件
①死刑もしくは無期の懲役もしくは禁錮に当たる罪に係る事件，②短期1年以上の有期の懲役もしくは禁錮に当たる罪であって故意の犯罪行為により被害者を死亡させたものに係る事件

対象事件であっても，被疑者が記録を拒んだときその他の被疑者の言動により記録をしたならば被疑者が十分な供述をすることができないと認めるとき等は本制度の対象にはならない。
対象事件については，被疑者の供述及びその状況を録音および録画を同時に行う方法により記録媒体に記録しておかなければならない。

── ◇考えてみよう◇ ──

❶　やってもいないのに自白するのはなぜだろうか。
❷　冤罪事件といわれている「氷見事件」，「志布志事件」，「足利事件」，「布川事件」などについても，なぜこういったことが起こっているのか，調べてみよう。
❸　なぜ取調べの可視化が必要になったか，整理してみよう。
❹　改正法について，録音・録画の対象範囲が狭すぎる，任意調べが録画されないなどの問題点が指摘されているが，どう考えればよいだろうか。

△△△△△

♪Theme−14　裁判員になって死刑判決にかかわる

♪Key words　裁判員裁判/死刑廃止論

> ☆Case
>
> 　大学1年生の映見。2016年の参議院選挙から投票権が認められたので、いつも朝刊には目を通し、政治に関する関心も高い。今回、成年年齢を18歳に引き下げる民法改正が施行されたのに伴い、「裁判員」に選ばれる年齢も、20歳から18歳に引き下げられた。
>
> 　映見も、「裁判員に選ばれることもあるかな?」という思いもなくはなかったが、実際に裁判所から「裁判員等選任手続期日のお知らせ(呼出状)」が来たときはびっくりした。けど、せっかくの機会、辞退もできたが、やってみることにした。
>
> 　映見が裁判員としてかかわった事件は、18歳の少年が交際相手の少女宅に押し入り、交際相手の少女の姉とその友人を刺殺、居合わせた知人にも大けがをさせたというもので、殺人罪で起訴されている。

§1 ── 裁判員裁判と死刑

　2009年5月,「裁判員の参加する刑事裁判に関する法律」が施行され,裁判員制度がはじまった。「裁判員」は,くじで選ばれた国民の中から選任されて,裁判官と共に刑事訴訟手続に関与し,有罪・無罪の判決等における事実の認定,法令の適用および刑の量定を決める。

　裁判員候補者は,衆議院議員の選挙権を有する者の中から選任されるので,2015年に公職選挙法が改正に伴い,18歳以上の者が裁判員の選任資格も有することになるはずであった。しかし,「当分の間」,18歳,19歳の者は対象から外される。少年法の適用を受ける者が,人を裁く立場に立つのは適当ではないというのが理由である。

112 UNIT**❹** 刑事法ナビ

Legal tips 14.1 法令用語として「当分の間」を使ったとき

　公職選挙法の平成27年改正時の附則（平成27年6月19日法律第43号）のように，法律の附則で規定され，経過的な措置が定められていることが多い。

　日常用語として「当分の間」を使ったとき，「しばらくの間」とか，「近いうちに」といった意味がある。しかし，法令用語としてこれを使ったとき，少し意味が異なる。当該事項が恒久的でなく，臨時の暫定的なものであって，将来において廃止や改正が予定されていることを意味するものとされている。したがって，これが相当長期にわたる場合もある。

　実例として有名なものに，刑法施行法25条1項の「旧刑法第二編第四章第九節ノ規定ハ当分ノ内刑法施行前ト同一ノ効力ヲ有ス」との規定である。1908年に施行されている。刑法施行法の当該規定はまだ改廃されていないので，旧刑法の当該規定は，現在も有効である。「当分の間」が110年間続いているのである。

　ただし，公職選挙法の附則については，裁判員の選任資格についての検討次第で，案外早くなるかもしれない。

　ただし，民法の成年年齢の引き下げとともに，少年法の適用年齢の検討も進められており，裁判員の選任資格も18歳からという制度が，近い将来実現するかもしれない。☆*Case*は，そうなったときのことを想定している（118頁補注参照）。

　裁判員裁判の対象になる事件は，殺人罪，強盗致死傷罪，現住建造物等放火罪，身代金目的誘拐罪，危険運転致死罪など，死刑，無期懲役，禁錮に当たる罪に係る重大な犯罪である。原則として，3名の裁判官，6名の裁判員で構成する合議体で審理される。

◆裁判員の参加する刑事裁判に関する法律（裁判員法）
2条（対象事件及び合議体の構成）
　地方裁判所は，次に掲げる事件については，次条又は第3条の2の決定があった場合を除き，この法律の定めるところにより裁判員の参加する合議体が構成された後は，裁判所法第26条の規定にかかわらず，裁判員の参加する合議体でこれを取り扱う。
一　死刑又は無期の懲役若しくは禁錮に当たる罪に係る事件
二　裁判所法第26条第2項第2号に掲げる事件であって，故意の犯罪行為により被害者を死亡させた罪に係るもの（前号に該当するものを除く。）
　2　前項の合議体の裁判官の員数は3人，裁判員の員数は6人とし，裁判官のうち1人を裁判長とする。ただし，次項の決定があったときは，裁判官の員数は1人，裁判員の員数は4人とし，裁判官を裁判長とする。

3 第1項の規定により同項の合議体で取り扱うべき事件（以下「対象事件」という。）のうち，公判前整理手続による争点及び証拠の整理において公訴事実について争いがないと認められ，事件の内容その他の事情を考慮して適当と認められるものについては，裁判所は，裁判官1人及び裁判員4人から成る合議体を構成して審理及び裁判をする旨の決定をすることができる。

4 裁判所は，前項の決定をするには，公判前整理手続において，検察官，被告人及び弁護人に異議のないことを確認しなければならない。

5 第3項の決定は，第27条第1項に規定する裁判員等選任手続の期日までにしなければならない。

6 地方裁判所は，第3項の決定があったときは，裁判所法第26条第2項の規定にかかわらず，当該決定の時から第3項に規定する合議体が構成されるまでの間，1人の裁判官で事件を取り扱う。

7 裁判所は，被告人の主張，審理の状況その他の事情を考慮して，事件を第3項に規定する合議体で取り扱うことが適当でないと認めたときは，決定で，同項の決定を取り消すことができる。

◆同13条（裁判員の選任資格）

裁判員は，衆議院議員の選挙権を有する者の中から，この節の定めるところにより，選任するものとする。

◆公職選挙法・附則（平成27年6月19日法律第43号）

10条（裁判員の参加する刑事裁判に関する法律の適用の特例）

年齢満18年以上満20年未満の者については，当分の間，裁判員の参加する刑事裁判に関する法律（平成16年法律第63号）第15条第1項各号に掲げる者とみなして，同法の規定を適用する。

2 地方裁判所は，当分の間，裁判員の参加する刑事裁判に関する法律第23条第1項（同法第24条第2項の規定により読み替えて準用する場合を含む。）の規定により裁判員候補者名簿を調製したときは，直ちに，同法第20条第1項の通知をした年の次年の1月1日の時点における年齢満20年未満の者を，裁判員候補者名簿から消除しなければならない。

✐Topic14·1　裁判員裁判の問題点・刑の量定

裁判員裁判で決めた量刑が，控訴審判決で短縮されることがある。職業裁判官の下で形成された「量刑相場」とかけ離れた結果について，「量刑不当」として問題にするものである。

近時の事例では，親による幼児に対する傷害致死の事案において，これまでの量刑の傾向から踏み出し，検察官の懲役10年の求刑を大幅に超える懲役15年という量刑をする裁判員裁判の判決について，量刑不当により破棄を免れないとしたものがある（最判平成26・7・24刑集68巻6号925頁）。

判決は次のように説く。

まず，「裁判例が集積されることによって，犯罪類型ごとに一定の量刑傾向が示されることとなる。そうした先例の集積それ自体は直ちに法規範性を帯びるものではないが，量刑を決定するに当たって，その目安とされるという意義をもっている」として，「これ

までの量刑傾向を視野に入れて判断がされることは，当該量刑判断のプロセスが適切なものであったことを担保する重要な要素になる」と述べる。

そして，裁判員裁判について，「裁判員制度は，刑事裁判に国民の視点を入れるために導入された。したがって，量刑に関しても，裁判員裁判導入前の先例の集積結果に相応の変容を与えることがあり得ることは当然に想定されていたということができる。その意味では，裁判員裁判において，それが導入される前の量刑傾向を厳密に調査・分析することは求められていないし，ましてや，これに従うことまで求められているわけではない。しかし，裁判員裁判といえども，他の裁判の結果との公平性が保持された適正なものでなければならないことはいうまでもなく，評議に当たっては，これまでのおおまかな量刑の傾向を裁判体の共通認識とした上で，これを出発点として当該事案にふさわしい評議を深めていくことが求められている」とする。

§2 ── ある死刑判決　元少年石巻殺傷事件

事件の経緯は次のようなものであった。

2010年2月，当時18歳の少年Aが，同棲相手の女性B（当時18歳）の浮気が発覚したことに端を発し，Bに模造刀および鉄棒で数十回その全身を殴打するなどの暴行を加えて全治約1か月を要する傷害を負わせた。その翌日，Bは実家に戻ったので，Bを連れ出そうと試みたもののBの姉C（当時20歳）に阻まれ，Bの友人女性D（当時18歳）に警察に通報されて逃げ出すのを余儀なくされるに至った。そこで，Aは，Bを略取するとともにこれを邪魔する者は殺害しようと計画し，同月10日早朝，Bの実家において，Cが警察に連絡したことなどを契機として，C，DおよびCの友人男性E（当時20歳）に対して牛刀で胸部等を突き刺し，C・Dを失血死させるなどして殺害し，Eに入院加療1週間を要する右肺損傷等の傷害を負わせ，Bを自動車に乗せて略取したという事件である。

Aは，事件当日逮捕され，2010年4月30日に起訴，仙台地方裁判所の裁判員裁判により，同年11月25日，死刑判決を受けた。その後，2014年1月31日の仙台高等裁判所の控訴審判決を経て，上告審において，弁護側から，犯行当時は精神的に未熟で更正の可能性はあるとして，本件は死刑が選択されるべきではないなどの主張がされたが，2016年6月16日の最高裁判所の判決（裁判所Web裁判例情報）において，仙台地方裁判所の判断は維持され，死刑判決が確定す

ることとなった。

📎Topic14·2　死刑判決を是認した最高裁判決

　2016年6月16日の最高裁判所判決は，死刑判決もやむなしとした理由について，次のように述べる。

① 「……犯行は，被告人が，それぞれ強い殺意の下に，3名の者に対して牛刀で攻撃を加え，その結果，2名の生命が奪われ，残る1名についても一命は取り留めたものの重傷を負うに至っているのであって，その罪質，結果ともに誠に重大な事案であると言わざるを得ない。」

② 「被告人は，……その身勝手極まりない動機に酌むべき余地はなく，もとより被害者らに責められるべき点はない。さらに，牛刀や革手袋を事前に入手したり，身代わりの出頭を関係者に働きかけるなどの準備工作を経て，BやBとの間に生まれた乳児が就寝する部屋内に至り，無抵抗のCの肩をつかみながら，腹部を牛刀で突き刺した上で2，3回前後に動かす攻撃を加え，あるいは，命乞いをするDの胸等を数回突き刺すなどしており，殺害行為等の態様は，冷酷かつ残忍である。犯行時18歳7か月の少年であり前科がないとはいえ，上記の動機，態様等を総合すると，本件は被告人の深い犯罪性に根ざした犯行というほかない。Eや遺族の処罰感情がしゅん烈であるのも当然である。」

③ 「以上の諸事情を踏まえると，被告人が一定の反省の念及び被害者や遺族に対する謝罪の意思を表明していることなど，被告人のために酌むべき事情を十分に考慮しても，被告人の刑事責任は極めて重大であって，原判決が維持した第一審判決の死刑の科刑は，当裁判所もこれを是認せざるを得ない。」

§3 ── 死刑の執行

　2017年12月19日，朝刊各紙は，2人の死刑を執行したという法務省の発表を報じた。1人は，1992年，金銭目的で千葉県市川市の会社役員宅に侵入，一家4人を殺害した事件で，死刑因は，元少年石巻殺傷事件と同様，犯行当時19歳の少年であった（2001年12月判決確定）。死刑の執行は，2017年12月以降5カ月ぶりで，第二次安倍内閣以降では計21人になったという。

　死刑の執行は，法務大臣が命令する。法務大臣の執行命令は死刑判決確定の日から6か月以内に出さなければならない（刑事訴訟法475条）。しかし，そのとおり運用されていない。それだけ法務省の中で慎重な手続がなされているものと考えられるが，法律違反にならないか問題になる。これについて，刑事訴訟法475条は，法的拘束力のない訓示規定（行政機関の各種の手続を定める規定のうち，

図表14.1 絞罪器機図式

違反しても行為の効力には影響がない規定）であり，法務大臣が判決確定の日から6か月以内に死刑執行の命令をしなかったとしても，違法の問題は生じない，と考えられている（東京地判昭和63・3・20）。

死刑の執行は，「絞罪器械図式」（明治6年太政官布告第65号。法律と同一の効力を有する規定）に定める**図表14・1**のような装置を使用して行うものとされている。

◆**刑法11条**（死刑）
　死刑は，刑事施設内において，絞首して執行する。
　2　死刑の言渡しを受けた者は，その執行に至るまで刑事施設に拘置する。
◆**刑事訴訟法475条**（死刑の執行）
　死刑の執行は，法務大臣の命令による。
　2　前項の命令は，判決確定の日から6箇月以内にこれをしなければならない。但し，上訴権回復若しくは再審の請求，非常上告又は恩赦の出願若しくは申出がされその手続が終了するまでの期間及び共同被告人であつた者に対する判決が確定するまでの期間は，これをその期間に算入しない。
◆**同476条**（同前）
　法務大臣が死刑の執行を命じたときは，5日以内にその執行をしなければならない。
◆**同477条**（死刑執行と立会い）
　死刑は，検察官，検察事務官及び刑事施設の長又はその代理者の立会いの上，これを執行しなければならない。
　2　検察官又は刑事施設の長の許可を受けた者でなければ，刑場に入ることはできない。

§4 ── 死刑存置論と死刑廃止論

　死刑制度の問題点として，死刑判決が再審の後無罪になったケースもあり，誤判の可能性は常にあるにもかかわらず，執行をしてしまえば取り返しのつかない事態になることがあげられる。また，憲法36条との関係で，死刑は残虐な刑罰に該当し許されないとする主張もある。
　しかし，死刑判決に対して上告がされた事件では，最高裁は死刑制度そのも

のを否定しない。例えば，自宅で熟睡する母と妹を槌で即死させ，二遺体を古井戸に投げ込んで遺棄したという事件で，死刑を言い渡した地裁・高裁判決に対して，上告審で死刑制度は憲法に違反するとの主張がされた。

これに対し最高裁は✐Topic14・3に述べるとおり，その時代・環境に照らし，人道の見地から残虐といえない方法で行うのであれば，死刑という刑罰もやむを得ないと考える（最大判昭和23・3・12刑集2巻3号191頁）。

✐Topic14・3　死刑制度の是非を論じた最高裁判決

「生命は尊貴である。一人の生命は，全地球よりも重い。死刑は，まさにあらゆる刑罰のうちで最も冷厳な刑罰であり，またまことにやむを得ざるに出ずる窮極の刑罰である。それは言うまでもなく，尊厳な人間存在の根元である生命そのものを永遠に奪い去るものだからである。現代国家は一般に，統治権の作用として刑罰権を行使するにあたり，刑罰の種類として死刑を認めるかどうか，いかなる罪質に対して死刑を科するか，またいかなる方法手続をもつて死刑を執行するかを法定している。そして，刑事裁判においては，具体的事件に対して被告人に死刑を科するか他の刑罰を科するかを審判する。かくてなされた死刑の判決は法定の方法手続に従つて現実に執行せられることとなる。これら一連の関係において死刑制度は常に，国家刑事政策の面と人道上の面との双方から深き批判と考慮が払われている。」

被告人が罪を犯したのは明らかだとして，死刑という刑罰を選択する基準を何に求めればよいだろうか。これについては，最高裁が示した基準が，「永山基準」呼ばれるものである（最二小判昭和58・7・8刑集37巻6号609頁）。

事件は，犯行当時19歳の少年が，東京，京都などで，警備員，タクシー運転手など計4人を射殺したものである。一審は死刑だったが，二審は無期懲役，最高裁は二審判決を破棄差戻して死刑判決が確定した。

✐Topic14・4　死刑の基準

「永山基準」と呼ばれる最高裁判決は，死刑にするかどうかを決める基準について，次のように述べる。

「死刑制度を存置する現行法制の下では，犯行の罪質，動機，態様ことに殺害の手段方法の執拗性・残虐性，結果の重大性ことに殺害された被害者の数，遺族の被害感情，社会的影響，犯人の年齢，前科，犯行後の情状等各般の情状を併せ考察したとき，その罪責が誠に重大であつて，罪刑の均衡の見地からも一般予防の見地からも極刑がやむをえないと認められる場合には，死刑の選択も許されるものといわなければならない。」

◆**憲法13条**（個人の尊重，生命・自由・幸福追求の権利の尊重）

　すべて国民は，個人として尊重される。生命，自由及び幸福追求に対する国民の権利については，公共の福祉に反しない限り，立法その他の国政の上で，最大の尊重を必要とする。

◆**憲法31条**（法定手続の保障）

　何人も，法律の定める手続によらなければ，その生命若しくは自由を奪はれ，又はその他の刑罰を科せられない。

◆**憲法36条**（拷問及び残虐な刑罰の禁止）

　公務員による拷問及び残虐な刑罰は，絶対にこれを禁ずる。

──　◇**考えてみよう**◇　─────

❶　裁判員の選任資格を18歳からとすることについて，様々な意見がある。

　　例えば，「国民が主権者として，重大な事件の裁判に参加することが制度の理念。18歳以上が重要な国の行方を判断できると認めるなら，当然裁判員の資格も認めるべきだ」「幅広い世代が加わることで，量刑などを話し合う評議も充実する」（四宮啓・國學院大教授）という意見（日本経済新聞2016年6月27日朝刊）について，どう考えるべきだろうか。

❷　元少年石巻殺傷事件最高裁判決において，第一審の死刑判決が容認されたが，最高裁の理由付けは納得できるだろうか。

❸　刑事訴訟法475条を文字通り読むと，どのような意味になるか。法務大臣が自分の在任中は死刑を命じたくないと考えているとき，この条文をどう読めばよいだろうか。

❹　元少年石巻殺傷事件最高裁判決は，いわゆる「永山基準」に沿うものだろうか。

＊補注）2021年5月に，18・19歳の者も「特定少年」として刑事裁判にかける対象犯罪を拡大するという少年法の改正に伴い，裁判員の選任資格がこれまでの「20歳以上」から「18歳以上」に改められた。公職選挙法附則10条が削除されたのである。

▷ ▶UNIT❺ 法・法学の未来はどうなる

the Law & Society in Future

♪ Theme—15 AIのある生活　　　自動運転に付き合う

♪ Theme—16 AIは法の夢を見るか

△△△△△

🎼Theme−15　AIのある生活　　自動運転に付き合う

♪**Key words**　自動運転/運行供用者/欠陥

☆*Case*

　アウディが初めてレベル３の自動運転車「A8」を世に出して、早３年が経つ。2020年、今年は東京オリンピックが開催される年である。自動運転の技術も、2017年から格段に発展を遂げ、レベル４・５を搭載した自動運転車が実用化されている。

　鶴太郎が、今回買い換えた新車はレベル５の自動運転車である。レベル５になれば、「すべての状況でドライバによる状態監視・システム監視なし」で、「常時システムが運転操作すべてを監視する」という完全自動運転車である。目的地を音声で指示するだけで、AIが最適な経路を選んで、目的地まで運んでくれる。移動中は読書または昼寝タイムである。

　今日も移動時間を昼寝に当てていた鶴太郎であったが、突然の急ブレーキで目が覚めた。人身事故である。無理な横断をした歩行者を轢いてしまった。

　交通事故を起こした鶴太郎の損害賠償責任は、完全自動運転車でも、同じなのだろうか。それとも、AI車が勝手にやったことで、鶴太郎には責任ないと考えることはできないのか。

§1 ── AI（人工知能）の過失責任を問う？

　故意または過失によって他人の権利または法律上保護される利益を侵害したときは，これによって生じた損害を賠償しなければならない（民法709条）。民事責任である。

　これが問題になる場面として交通事故が多いが，医療過誤，名誉毀損・プライバシー侵害などの場合も同様である。

　ここで，民事責任の成立は，加害者の故意または過失を必要としているので，

122 UNIT❺ 法・法学の未来はどうなる

「過失責任の原則」または「過失責任主義」などといわれている。

現代社会のベースに据えられた重要な考え方である。

✐Topic15・1　なぜ，過失責任主義か？

　過失責任主義が成立したのは，ローマ時代後期（とくにビザンティン期）以後といわれており，近代市民法のもとでは，所有権の絶対，契約自由と共に，民法の三大原理と１つである。

　過失責任主義は，「過失なければ責任なし」をその内容とするものである。個人は，通常人として必要な注意義務さえ果たせば，損害賠償責任を追求されるおそれはなく自由に活動できる。なるべく個人の自由な活動を保障することが意図されたものである。

　これが産業革命を進め，資本主義経済が成長するのに，大いに役立ったことは疑いない。18世紀イギリスに起こった産業革命によって，工業社会へ一挙に移行することになったが，その結果企業活動に大きな損害が発生する危険も抱え込む。そこで，企業は，必要な注意さえ払っておれば損害賠償責任を負うことはないという考え方，すなわち「過失責任主義」が強調されることとなったのである。

「過失責任主義」が問題になるとき，すべて人の行為が対象になることは当然である。AIが身近になってくる現代から近未来の社会で同じような考え方が通用するだろうか。

　AI車は，ハードウェアである車に自動運転のためのソフトウェアが組み込まれた「車輪の上のコンピュータシステム」（Lothar Determann：米国の弁護士）といわれている。システムに組み込まれた各種センサーが周囲の状況を認知し，その状況下でベストの方法を瞬時に見つけ出して運転操作する。人と同じように，「過失責任主義」をもとにして，AIに交通事故の民事責任を問うことが可能なのだろうか。

§2 ── 原則を修正する特別法

　民法の大原則である「過失責任の原則」には，すでにいくつかの例外が設けられている。

　加害者に故意または過失がなくても，損害賠償責任が追求できる場合がある。これを「無過失責任」という。例えば，原子力発電所の事故による損害賠償責任など，危険な設備など，社会に対して危険を作り出している者，管理してい

Theme—15 AIのある生活 *123*

る者は，その危険源から生じる損害について責任を負わなければならないという考え方（危険責任）を基礎とするものである。

交通事故の民事責任に関しては，「自動車損害賠償保障法」が，過失責任主義を修正している。

✏Topic15·2　自動車損害賠償保障法

自動車損害賠償保障法は，過失責任主義に基づく民法709条（不法行為）の特別法である。民法709条が一般ルールであるのに対して，特別のルールを定めたものである。

民法709条では，加害者の過失など，その成立要件を被害者の方で立証することが要求され，これはそれほど簡単ではない。仮に立証に成功したとしても，加害者に賠償の資力がないと被害者に十分な救済を与えることができないことになってしまう。

そこで，自動車の運行によって生命または身体が害された場合に，損害賠償を保障する制度を確立することによって，被害者の保護を図ることを目的に制定された特別法が「自動車損害賠償保障法」である。「自賠法」と略称されることもある。

自賠法では，自己のために自動車を運行の用に供する者（運行供用者）は，その運行によって他人の生命または身体を害したときは，これによって生じた損害を賠償しなければならない。ただし，①自己および運転者が自動車の運行に関し注意を怠らなかったこと，②被害者または運転者以外の第三者に故意または過失があったこと，③自動車に構造上の欠陥または機能の障害がなかったこと，いわゆる免責の三要件を満たしたときは責任を免れる。

民法709条では，加害者に故意・過失があったときにはじめて損害賠償責任が問題になるのに対し，自賠法では，自動車の運行によって人身被害が発生したときは，それだけで損害賠償責任が成立し，これを免れるためには，加害者が免責の三要件を満たすことを立証しなければならないのである。ただし，一般には無過失を証明することは極めて困難とされ，例えば，被害者の飛び出し事故やセンターライン・オーバーの追越し事故などについて免責を認めたものがあるが，実質的には無過失責任に近いと考えられている。

◆自動車損害賠償保障法3条（自動車損害賠償責任）

自己のために自動車を運行の用に供する者は，その運行によつて他人の生命又は身体を害したときは，これによつて生じた損害を賠償する責に任ずる。ただし，自己及び運転者が自動車の運行に関し注意を怠らなかつたこと，被害者又は運転者以外の第三者に故意又は過失があつたこと並びに自動車に構造上の欠陥又は機能の障害がなかつたことを証明したときは，この限りでない。

◆同4条（民法の適用）

自己のために自動車を運行の用に供する者の損害賠償の責任については，前条の規定によるほか，民法の規定による。

§3 ── 自動運転中のAIの失敗 ❶　　運転者の責任

　完全自動運転車の走行によって事故が生じた場合，少なくとも現行法では，運転手の刑事責任を問うことはできないというのが，多くの刑事法学者の意見である。乗員がハンドルを操作して運転者になることはない，また，事故の予見可能性もないからである。

　AI自体の刑事責任を問題にすれば別であるが，現行法の枠を超える問題である。

　民事責任である損害賠償責任はどうだろうか。

　自賠法3条によれば，自動車の運行によって他人の生命または身体を害したときは，「運行供用者」が損害賠償責任を負う。自動車はそもそも危険な乗り物のであることを前提に，この危険を支配し，そしてその運行によって利益を得ている運行供用者に不利益を課しても仕方がないと考えるのである。この点は，完全自動運転になっても，変わらないだろう。

　そうすると，運行供用者は，「自己のために自動車を運行の用に供する者」（自賠法3条）であるので，☆*Case*では，鶴太郎が運行供用者になり，自賠法3条但書の免責三要件に該当しない限り，損害賠償責任を負わなければならない。

　ただ，自動運転において，免責三要件をどう判断するか，明確ではない。被害者の救済は十分か，運行供用者の責任が大きすぎないか，両者のバランスをどう調整していくかなどが議論されている。

cf. 自動運転における損害賠償責任に関する研究会報告書（国土交通省自動車局）
http://www.mlit.go.jp/common/001226452.pdf

§4 ── 自動運転中のAIの失敗 ❷　　メーカーの責任

事故の原因がAIの失敗であるので，自動車（または使用されているソフトウェア）

Theme―15 AIのある生活　*125*

の欠陥を問題にして，自動車の製造者である自動車メーカーの損害賠償責任を追求するといった方法も考えられる。

　これを定めたルールが「製造物責任法」，民法709条（不法行為）の特別法である。これによれば，自動運転車の「欠陥」により損害が生じた場合に，メーカーに対して損害賠償責任を問うことができる（製造物責任法3条）。

cf. 2017年8月経済産業省「自動走行の民事上の責任及び社会受容性に関する研究 報告書」
http://www.meti.go.jp/meti_lib/report/H28FY/000541.pdf

✐Topic15・3　製造物責任法・PL法

　製造物の欠陥により，人の生命，身体または財産について被害が生じた場合，製造業者等の損害賠償責任について定めたルールが，製造物責任法である。PL（Product Liability）法とも言われ，1995年7月から施行されている。

　民法709条では，製造業者等の過失が問題になるのに対して，製造物責任法では，製造物の欠陥が問題になる。被害者が，製造業者の過失（製造工程の注意義務違反）を立証するのは困難であったとしても，製造物に「欠陥」があること，すなわち「通常有すべき安全性を欠いていること」を立証するのは比較的容易であり，これが認められれば，製造業者等が損害賠償責任を負うことになる。

　AI車では，コンピュータシステムやソフトウェアの欠陥についても適用されるが，「欠陥」すなわち「通常有すべき安全性」の基準をどこに設定するかが問題になる。

◆製造物責任法2条（定義）
　この法律において「製造物」とは，製造又は加工された動産をいう。
　2　この法律において「欠陥」とは，当該製造物の特性，その通常予見される使用形態，その製造業者等が当該製造物を引き渡した時期その他の当該製造物に係る事情を考慮して，当該製造物が通常有すべき安全性を欠いていることをいう。
　3　この法律において「製造業者等」とは，次のいずれかに該当する者をいう。
　一　当該製造物を業として製造，加工又は輸入した者（以下単に「製造業者」という。）
　二　自ら当該製造物の製造業者として当該製造物にその氏名，商号，商標その他の表示（以下「氏名等の表示」という。）をした者又は当該製造物にその製造業者と誤認させるような氏名等の表示をした者
　三　前号に掲げる者のほか，当該製造物の製造，加工，輸入又は販売に係る形態その他の事情からみて，当該製造物にその実質的な製造業者と認めることができる氏名等の表示をした者
◆同3条（製造物責任）
　製造業者等は，その製造，加工，輸入又は前条第三項第二号若しくは第三号の氏名等の表示をした製造物であって，その引き渡したものの欠陥により他人の生命，身体

又は財産を侵害したときは,これによって生じた損害を賠償する責めに任ずる。ただし,その損害が当該製造物についてのみ生じたときは,この限りでない。

◆同4条（免責事由）

前条の場合において,製造業者等は,次の各号に掲げる事項を証明したときは,同条に規定する賠償の責めに任じない。

一 当該製造物をその製造業者等が引き渡した時における科学又は技術に関する知見によっては,当該製造物にその欠陥があることを認識することができなかったこと。

二 当該製造物が他の製造物の部品又は原材料として使用された場合において,その欠陥が専ら当該他の製造物の製造業者が行った設計に関する指示に従ったことにより生じ,かつ,その欠陥が生じたことにつき過失がないこと。

§5 ── ほかにもいろんな法律が登場する

　AI車が事故を起こした場合,その損害賠償責任について,自賠法や製造物責任法という民法の特別法があり,これらを使うことが可能である。また,道路等の通信設備や白線等の情報に依存して走行するAI車では,これらに不具合があった場合は,国家賠償法の適用が問題になる。

　自動運転の実用化に向けて取り組まれている法整備の検討は,各省庁で活発に行われており,道路交通法等も,自動運転に適応した運転免許や資格に関する制度のあり方などもテーブルに上がっている。例えば,道路交通法70条「車両等の運転者は,当該車両等のハンドル,ブレーキその他の装置を確実に操作し,かつ,道路,交通及び当該車両等の状況に応じ,他人に危害を及ぼさないような速度と方法で運転しなければならない」との定めは,少なくともAI車では意味がなくなってしまう。

　さらには,道路法（道路の整備や管理など）,道路運送車両法（道路運送車両の保安基準,車検制度など）,道路運送法（旅客自動車運送事業,貨物自動車運送事業など）なども自動車の走行にかかわる法律であるので,見直しの対象になろう。

　cf. 平成29年3月自動運転の段階的実現に向けた調査検討委員会「自動運転の段階的実現に向けた調査研究報告書」

https://www.npa.go.jp/bureau/traffic/council/jidounten/28houkokusyo.pdf

Legal tips 15.1 立法・行政・司法

　立法権を国会，行政権を内閣，司法権を裁判所というように，国家権力を複数の統治機関に配分し，権力相互間における均衡のもとで行政を行う統治方式を，「三権分立」という。モンテスキューが『法の精神』（1748年）のなかで立法・司法・行政間の権力の分立を説いたことに由来する。国家権力が特定の統治機関や個人（例えば，国王）に集中して濫用されるのを防止しようとするもので，近代国家において共通して用いられている知恵である。

　わが国においては，国会が，憲法41条で，「国の唯一の立法機関」と定められている。

　そこで制定された法律の内容を実際に実現するため，内閣に行政権がある。内閣が「行政府」と呼ばれるのはそのためである。

　また，法律に従わない人に制裁をしたり，従わないことで生じた損害を賠償させる役割は，裁判所が担っている。刑事事件・民事事件・行政事件について，法律を適用して解決に導く「司法」の作用がそれである。

図表15.1　立法・行政・司法の関係図

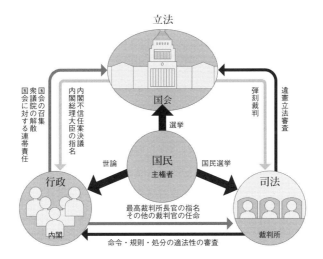

＊出所：衆議院ＨＰ「国会関係資料」による。

✎Topic15・4 法律の制定

AI車の普及を図るためには，技術開発もさることながら，法律の裏付けも欠かせない。
　これらの法律は，内閣や議員の提案で，国会の衆参両院で審議され，可決されたときに成立する。年度によっても異なるが，毎年100件前後が制定されている。内閣が提案する法律は，「閣法」と呼ばれ，多数の法律は閣法である。各省庁が政策を遂行するプロセスの中で，法律案が立案される。

◆憲法41条
国会は，国権の最高機関であつて，国の唯一の立法機関である。
◆憲法59条
法律案は，この憲法に特別の定のある場合を除いては，両議院で可決したとき法律となる。
②　衆議院で可決し，参議院でこれと異なつた議決をした法律案は，衆議院で出席議員の三分の二以上の多数で再び可決したときは，法律となる。
③　前項の規定は，法律の定めるところにより，衆議院が，両議院の協議会を開くことを求めることを妨げない。
④　参議院が，衆議院の可決した法律案を受け取つた後，国会休会中の期間を除いて六十日以内に，議決しないときは，衆議院は，参議院がその法律案を否決したものとみなすことができる。

図表15.2 法律ができるまで

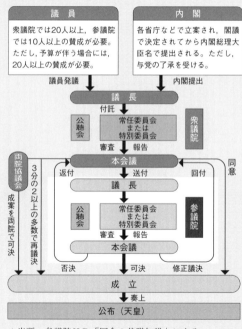

＊出所：参議院ＨＰ「国会の基礎知識」による。

Theme—15　AIのある生活　*129*

> ── ◇さらに考えてみよう◇ ──────────────
>
> ❶　完全自動運転AI車で，衝突被害軽減ブレーキが予定されたとおり働かなかった
> ために事故が起こった場合，被害者は誰に対して損害賠償請求をすることができ
> るだろうか。
> ❷　過失責任主義は，AI車による交通事故においても，維持することができるだろ
> うか。
> ❸　完全自動運転の実現に向けて，どのような制度整備が考えられているのだろう
> か。関係省庁のHPを参照して整理してみよう。

130

△△△△△

♪Theme—16　AIは法の夢を見るか

♪**Key words**　製造物責任/権利能力

☆*Case*

　大学生活を始めて半年になる鶴太郎は、AIが会社の採用活動に活用されているというニュースに触れ、自分がそのうちAIに評価され、またさらにAIが世界を支配する時代もそう遠くはないと感じ、とてつもなく不安になった。その一方で、動物型ロボットはかわいいし欲しいとも思っている。学生マンションではペットも飼えないし、餌代を考えるととても生きた動物を飼うことはできない。そんなことを考えていたある夜、リアルな夢を見た。

　鶴太郎は、映見と結婚し、小さな赤ちゃんとともに幸せに暮らしていた。そこには、学生時代にお金を貯めて買った犬型ロボット（コロ）も登場した。コロとはたまに家の中で、ボールを蹴り合って遊んだ仲である。ところが、鶴太郎も映見も赤ちゃんに係りっきりであり、コロは、少しすね気味の様子である。そして、鶴太郎に遊ぼうという表情で、赤ちゃんの頭を蹴り始めたのである……。

§1 —— AI（人工知能）の登場

　AI（人工知能）が話題である。これまでコンピュータは人間が使うものと考えていたが、もはやその域を超えた。近頃のAIは、将棋を指したり碁を打ったりする（ゲームAI）。私のような素人が考えるプログラムは、すべて人の手でプログラムされるものであった。すべての行動をプログラムするときには、人間が教え込まなければならないが、たとえばどうして人間がコップをコップと認識するのかということは、説明ができないそうである。そこでAIプログラマは、逆転の発想を取ったわけである。私たちが母国語を話すのは、プログラムされたわけではなく、自ら学習したのである。そう、今やAIは自ら学習

し，知識を習得することができるようにプログラムされているのである。コンピュータは様々な将棋の試合から学習し，自ら考えて将棋を指すという。将棋を指すポナンザというAIの作者は，AIは子供と同様だというが，もはやAIが何を考えているのか，作者にすら分からないという。

　実は，株の取引やタクシーの運用，さらには人間の評価において，AIはすでに実用化されており，AI自身が文章も書き始めている。そして，この先自動運転や政策提言での実用化も目指されているという。映画に出てくるような，コンピュータに支配される時代が来るかもしれない。作者曰く，人類に学ぶことから出発したAIは，私たちの子であり，親が立派なら老いても子供に敬愛されるはずであるから，制御不能なAIに友達でいて欲しいなら，人類は傲慢になってはいけない，と。

§2 ── AIと民事法

★1 製造物としてのAI

　さて，民事法の分野からこのAIを見るとどうなるのか。

　ロボット等に搭載されたAIのプログラムに不具合があって，人間の想定しない行動を取った結果，損害を被ったとき，製造物責任法（⿻Topic15・3）の適用を受けた上で損害賠償請求が可能だろうか。AI自体はプログラムであり，それが製品として，例えばロボットとしてあるいは自動運転車として販売される場合には，製造物責任法上も物として扱われる。これはAIが物として扱われるというよりも，ロボットや自動車が物として扱われているだけである。他方，AIが記録媒体に記録され，プログラムとして販売されるときは，物ではないというのが一般的解釈のようである。しかし，プログラムが重要な役割を果たして物を動かす現代においては，この区別は，再考の余地があるように感じられる。

　これまでの製造物は，すべてプログラムしたものが念頭に置かれていたと考えられる。しかし，AIの場合には，自ら学習するため，プログラムに問題があるとは言えないのではないか。不良化した（人間の想定外の行為をした）ロボットが行ったことの責任は誰が負うのか。

132 UNIT**5** 法・法学の未来はどうなる

　製造物責任法の基本的な考え方は，大まかには次のとおりである。製造物は事業者が製造し，消費者が利用する中で被害を被るが，その被害を回復するためには，本来事業者の製造上の過ちを指摘しなければならない。しかし，分業制の確立している現代において，消費者は製品製造にかかわる情報を全くもたないため，それはほとんど不可能である一方で，事業者にはその情報がある。そこで，事業者が自らに問題がなかったことを証明し，証明できないときは責任を負う方法を採ったのである。

　しかし，人間の想定外の行為をすることが，そもそも製品の欠陥なのか。さらに，AIは自ら学習しているため，製造者に情報がある，という製造物責任法の論理はそのまま通用しない。これまでの製品とは事情が異なる面が大きく，製造物責任法では対応できないように思われる。キルスイッチと呼ばれる緊急停止させる仕組みももちろん必要であるが，利用者の被害を回復する論理や方法も考えなければならない。

　先ほどAIを子供に例えたが，責任能力のない子供が不法行為を行った場合には，その監督義務者が損害賠償責任を負う（民法714条）。AIの評価をもう少し下げれば，動物占有者らの不法行為責任（民法718条）も参考となる。AIの監督義務者は誰か，製造者か，所有者か，はたまた占有者か。この問題の解決もAIに提案してもらおうか。

★2　エージェントとしてのAI

　いずれは分野ごとに発展したAIが統合されロボットに搭載されるであろう。そのロボットが，道具としてではなく，利用者に対して主体的に行動するエージェントとして我々の前に登場する時代が来るに違いない。それはほとんど人と同じ存在になる。

　現在わが国では，ペットは有体物として権利の客体となるが，ヨーロッパでは，「物ではないもの」として一般的な物とは区別され始めている。今のところは，動物も，権利の客体となり物と同様のルールに従うことになっている。確かに電子レンジと我が家の「チョコ」が同じ物かというと大きな違いがある。電子レンジは冷たくなったものを温めてはくれるが，冷えてしまった心を温めてくれるのは，心の通い合う「チョコ」である。ロボットも物であるが，エー

ジェントとして登場すれば，場合によっては心が通じ合うと感じることもあるだろうし，他の無機質な物体と区別して考えるようになるかもしれない。

★3　AIの法人格

　さて，ペットではなくAIの話。AIが人間のように成長している訳であるから，将来のロボットはある意味パートナーであり，ペット以上の関係となるに違いない。そうするとペットと同様に，権利の客体としてだけ見ることに違和感を感じ始めるであろうし，またAIの方から権利主張をし始めることも考えられる。ここでの権利とは，基本的人権のような基本権と，所有権のような私法上の権利とがあり，後者は，ロボットが権利主体となり得るかというロボットの法人格問題である。ここでは後者の問題を取り上げよう。

　ロボットがお店にやって来た。もちろん主人の指示に基づき，特定のミルクを買いに来たのであれば（銀河鉄道999によれば，機械人間は，ミルクを飲むと体がさびるそうだ），使者であって，道具であるから余り問題はなさそうだが，主人の指示に基づかずに買い物をする場合には，事情が異なる。例えば，レシピの提案とそれに必要な材料の調達をするようなシステムがあると，冷蔵庫の中の食材の分量を見極め，必要な具材を調達するのは，そのシステム独自の判断である。権利の帰属主体が包括的には同意をしていても，一定の判断を伴う契約を行う場合には，その判断する者を代理人という。まず，代理人は「人」であることを前提としているが，AIを搭載したロボットは，人ではない。人であるためには，自然人であるか，法人格を与えられている必要がある。自然人以外で法人格を与えられているのは，人や財産の集合である「法人」のみである。契約の場面にだけ，AIに法人格を認める方法はあるだろう。

　代理人になるためには，通常本人たる人間とAIとの間に契約があることも前提となる。道具としてのロボットであれば，契約を想定する必要はないのかもしれない。しかし，すでにAIは文章を書き始めている。この文章の著作権は誰に帰属するのだろうか。こういったことを考えると，権利や義務の帰属に必要な法律上の資格である権利能力をAIに認めるかという問題があることが分かる。AIに権利能力が認められるならば，所有権の帰属を認めるか，という問題も出てくる。

134　UNIT❺　法・法学の未来はどうなる

　ただ，生殖補助医療の事件などを見ていると思うことであるが，世の中様々な考え方の人がいるわけで，いきなりロボットに様々な権利が認められることはないだろう。最初はそれを利用するのに必要最低限度で認めるに違いない。しかし，ペットを含めた動物の事例から分かるように，世の中の人の考え方が次第に変化し，最終的にはほとんど人と変わらない状態になるのではないだろうか。

　◆民法34条（法人の能力）
　　法人は，法令の規定に従い，定款その他の基本約款で定められた目的の範囲内において，権利を有し，義務を負う。

§3 ── 現在の動物の状況

★1　自然の権利訴訟

　より具体的に人間ではないものの権利が問題となった事例として自然の権利訴訟がある。オオヒシクイ訴訟もその一つである。茨城県の霞ヶ浦南岸は，天然記念物であるオオヒシクイが越冬のために飛来する地域であったが，そこに高速道路の建設計画が持ち上がった。そこで，オオヒシクイが住民とともに原告となり，茨城県知事を訴えたのが，オオヒシクイ訴訟であり，オオヒシクイ個体群の越冬地域全域を鳥獣保護区に指定しなかったことにより県の威信を損ない重要な文化的財産を損傷させたこと等が県に対する不法行為になるとして損害賠償を求めた住民訴訟である。この事件では，自然物たるオオヒシクイが原告となることができる（これを「当事者能力」という）か，という点が1つの争点となった。

　原告の訴訟代理人は，次のように述べた。すなわち「自然物一般につきその存在の尊厳から，一種の権利（自然物の生存の権利）が派生する，その自然物の生存を図ろうとする自然人等が存在せず，あるいは現行法上当事者適格を認められる者が存在しない場合には，当該自然物自体が訴訟に直接参加することが当該自然物の生存のための究極，最善，不可欠の手段であることから，右権利の実定法的効果として自然物の当事者能力が認められる」，と。つまり，生物

が存在するということそれ自体が尊いものであり、そこから自然物の生存の権利が見いだされるが、その生存を図ろうとする者がいないときには、その自然物自体に訴訟する権利が認められるというのである。

もちろんと言ってもいいだろうが、水戸地方裁判所（水戸地裁平成8・2・20判タ957号195頁）は、「事物の事理からいっても訴訟関係の主体となることのできる当事者能力は人間社会を前提にした概念とみるほかなく、自然物が単独で訴訟を追行することが不可能であることは明らか」としてオオヒシクイが訴えた部分について、その訴えを却下した。控訴審の東京高等裁判所（東京高裁平成8・4・23判タ957号194頁）も地裁と同旨の判断をした。

★2　動物愛護法に見る動物の権利

動物の愛護及び管理に関する法律（動物愛護法）2条1項は、「動物が命あるものであることにかんがみ、何人も、動物をみだりに殺し、傷つけ、又は苦しめることのないようにするのみでなく、人と動物の共生に配慮しつつ、その習性を考慮して適正に取り扱うようにしなければならない。」と基本原則を定める。その上で「命ある動物」の所有者、占有者には、「その動物をその種類、習性等に応じて適正に飼養し、又は保管することにより、動物の健康及び安全を保持する」努力義務が課されている（同法7条）。

動物には、愛玩用動物の他に、研究対象としての動物、食料としての動物、さらには人間に適用する前の医薬品等の実験対象としての動物等がある。その多くは、人間と同じように苦しむ動物、すなわち、脳や神経系があって痛みを感じる動物であって、その保護が考えられているのである。もちろん、人間の命の優位があるわけであるが、動物を殺さなければならない場合にも「苦痛を与えない方法によつてしなければならない」ことなどが定められている（同法40条1項）。愛護動物に限っては、みだりに殺害すると刑罰が科されることにもなっている。

§4 —— 動物とAIと人間と

オオヒシクイ訴訟での裁判所の論拠は、裁判を起こすことができるかという

点に関するものであるが，AIにも通じ，人間社会を前提にした法システムの中で，AIがあらゆる権利を認められるのは同様に難しい。

　動物も人と同じように「命あるもの」であり，「苦痛を感じる」ときにはそれを考慮しなければならない，というのは，人間との共通点，あるいは，人が動物に対して共感できる点であろう。人間のシステムに，動物やAIが主体として登場するのは，人間がそれらと仲間であると共感できるときではないだろうか。動物との関係は現在「命」と「痛みを感じる」という点から発展しそうであるが，AIにはいずれもない。AIとの関係は，「知能」「知性」という点が一つのきっかけであろうか。知能や知性という点では動物とも関連しうる。

--- ◇さらに考えてみよう◇ ---

❶　AIを搭載したエージェント型ロボットに権利能力を認めることについて，どのように感じるだろうか。

❷　冒頭の☆*Case*のような事故が起こったとき，その責任は誰が負うべきだろうか。

▶▷▶索引──INDEX

▶あ行

違憲　30, 81, 83
違憲立法審査権　29, 30
遺言（いごん）　81, 94
遺産共有　95
遺産分割協議　95
意思　65
　──能力　58
遺贈　94
一般法　17
遺留分　95
飲酒運転　5
インハウスローヤー（企業内弁護士）　24
氏（うじ）〔苗字・姓〕　87
運行供用者　124
自動車運転死傷行為処罰法　5
恵庭（えにわ）事件　31
LGBTI　50

▶か行

闇法　81, 128
過失　70
　──責任の原則　122
　──相殺　7
家庭裁判所　18, 19, 97
仮処分命令　38
簡易裁判所　18
監督義務者　71, 132
危険運転致死傷罪　5
規則　15
起訴便宜主義　106
基本的人権　30
強行規定　65
強制認知　81
寄与分　98
訓示規定　115
形式的平等　49
刑事裁判　20
刑事責任　4
刑事訴訟法　107

契約自由の原則　64
欠陥　125
検察審査会　106
限定承認　97
憲法　15, 29, 35, 43, 88, 116
権利能力　133
故意　70
公序良俗　64
高等裁判所　18, 19
口頭（審理）主義　22
幸福追求　68
　──追求権　37
公法　17
勾留（こうりゅう）　104
国籍法　44
個人情報　40
　──保護法　40
国家訴追主義　106
婚姻適齢　56

▶さ行

最高法規　29
再婚禁止期間　81
裁判員裁判　111
裁判外紛争処理　9
裁判迅速化法　24
三権分立　127
三審制　19
死因贈与　94
死刑　111
　──廃止論　116
自己決定権　68
自己情報コントロール権　36, 37
自然人　133
自然の権利訴訟　134
実質的平等　49, 99
失踪宣告　95
実体法　17, 109
指定相続分　98
自動車損害賠償保障法　123
自白の任意性　107

私法　17
障害者差別解消法　46
少数意見　90
消費者委員会　59
条名　16
条約　15
条例　15
信頼　65
推定する　78
性差別　49
製造物責任法　125, 131
成年　55
　　──年齢部会報告書　59
成文法　15
責任能力　70, 71
選択的夫婦別氏制度　92
相続欠格　96
相続財産　95
相続人　96
相続廃除　96
相続分　98
相続放棄　97
損害賠償額　6
尊属殺　33, 47
尊属殺重罰規定　47

▶た行

逮捕　104
大法廷　32
代理人　133
単純承認　97
男女雇用機会均等法　49
地方裁判所　18, 19
嫡出否認制度　79
通常裁判所　30
通称名　91
DNA鑑定　78, 82
DNA検査技術　84, 85
定型約款　66
貞操義務　78
締約強制　64
手続法　17, 109
典型契約　64
特別縁故者　96

特別受益　98
特別法　17
匿名加工情報　41
取調べの可視化　107, 109, 110

▶な行

内閣法制局　31
長い首事件　8
永山基準　117
二重の基準論　32
任意規定　65
認知　80
認定死亡　95

▶は行

配偶者　78
判決の効力　21
判断能力　74
判例　20
人質司法　103
標準約款　67
夫婦が称する氏　87
夫婦同姓　89
夫婦別姓訴訟　29, 88
付随的違憲審査制（付随的審査制）　30, 32
不法行為責任　69
プライバシー権　36
弁護士　24
包括承継主義　95
法人　133
　　──格　133
法定相続分　45, 98
法定単純承認　97
法的拘束意思　63
法的三段論法　22
法的思考力　10
法的責任　4
法の下の平等　44
法律　15
　　──の制定　31, 128
法令検索　13
本人訴訟　25

▶ま行

未成年者　55
　　──取消権　57
みなす　78
民事裁判　20
民事責任　4, 69
無過失責任　122
命令　15
元少年石巻殺傷事件　114

▶や行

約束　63
約款（やっかん）　66
予見可能性　70

▶ら行・わ行

立法　→法律の制定　31
類推適用　83-85
忘れられる権利　39

◆著者紹介

渡邊 博己（わたなべ　ひろみ）

1948年生まれ
大阪市立大学法学部卒業後，（株）池田銀行法務室長を経て，
現在：元 京都先端科学大学教授

【主要著書】

「第三者所有権留保と関係当事者間の特約の効力」（NBL1116号，2018年）
「信用保証契約における付随義務としての調査義務 最三小判平成28.1.12 に見る信義判断」
（経済経営学部論集 4 号，2017年）
その他，「抵当権の実行等に関する実務上の留意点」（銀行実務2018年 4 月号）など，実務
解説は多数公表している。

右近 潤一（うこん　じゅんいち）

1973年生まれ
同志社大学大学院法学研究科博士課程（後期課程）を退学，
現在：京都先端科学大学経済経営学部教授

【主要著書】

「書面不備に基づくクーリング・オフ権の行使を妨げる事由」経済経営学部論集 5 号69頁
（2017年）
「クーリング・オフの方式緩和に向けた一考察」同志社法学68巻 7 号2809頁（2017年）
「返品制度のあり方──比較法的検討，平成20年改正の検証（特集 通信販売）」現代消費者
法30号25頁（2016年）

法学ナビ
16の物語から考える

2018年 5 月20日　初版第 1 刷発行	定価はカバーに
2025年 3 月20日　初版第 3 刷発行	表示してあります。

著　者　渡　邊　博　己

　　　　右　近　潤　一

発行所　(株)北大路書房

　　　　〒603-8303　京都市北区紫野十二坊町12-8
　　　　電　話　(075)431-0361(代)
　　　　F A X　(075)431-9393
　　　　振　替　01050-4-2083

企画・編集制作　秋山　泰（出版工房ひうち：燧）
装　丁　　　　　上瀬奈緒子（綴水社）
印刷・製本　　　太洋社（株）

ISBN 978-4-7628-3020-4　C1032　Printed in Japan©2018
検印省略　落丁・乱丁本はお取替えいたします。

・　JCOPY 〈(社)出版者著作権管理機構 委託出版物〉
本書の無断複写は著作権法上での例外を除き禁じられています。
複写される場合は，そのつど事前に，(社)出版者著作権管理機構
（電話 03-5244-5088,FAX 03-5244-5089,e-mail: info@jcopy.or.jp）
の許諾を得てください。